# Guía bíblica ilustrada

❖ ❖ ❖

# Travesía por los tiempos y tierras de la Biblia



## Contenido



EDITORIAL PORTAVOZ

# ¿Qué es la Biblia?

La Biblia es una "biblioteca de 66 libros, 39 en el Antiguo Testamento, 27 en el Nuevo". Los escritos del **Antiguo Testamento** aparecieron por primera vez como rollos separados en hebreo; no sabemos cómo ni cuándo fueron reunidos en un solo volumen por primera vez. Los 39 libros del Antiguo Testamento son de diferentes autores y estilos y pueden clasificarse en cuatro secciones principales:

**La Ley**
A veces designada como el Pentateuco o "los cinco rollos".

**Historia**
Sigue la historia del pueblo de Dios desde su entrada en la Tierra Prometida hasta la cautividad.

**Poesía y sabiduría**
Con abundancia de proverbios, enigmas, parábolas, advertencias y sabios dichos.

**Profecía**
Los profetas de Dios explicaban lo que había sucedido en el pasado; hablaban contra el mal en el presente; y contaban lo que Dios haría en el futuro.

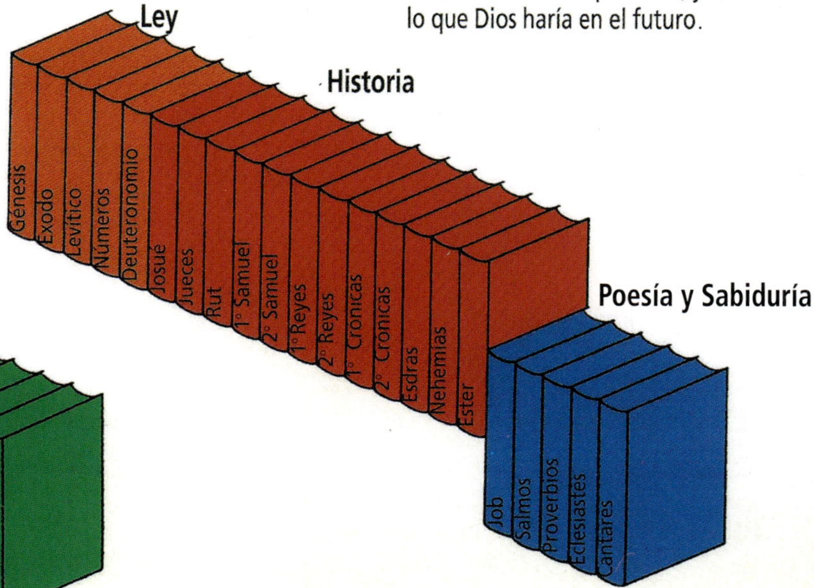


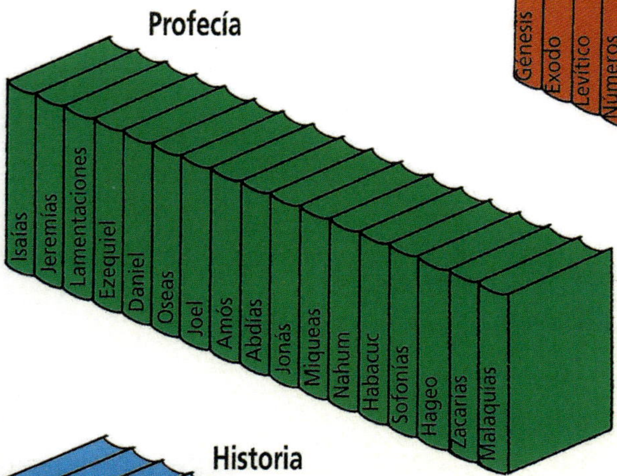


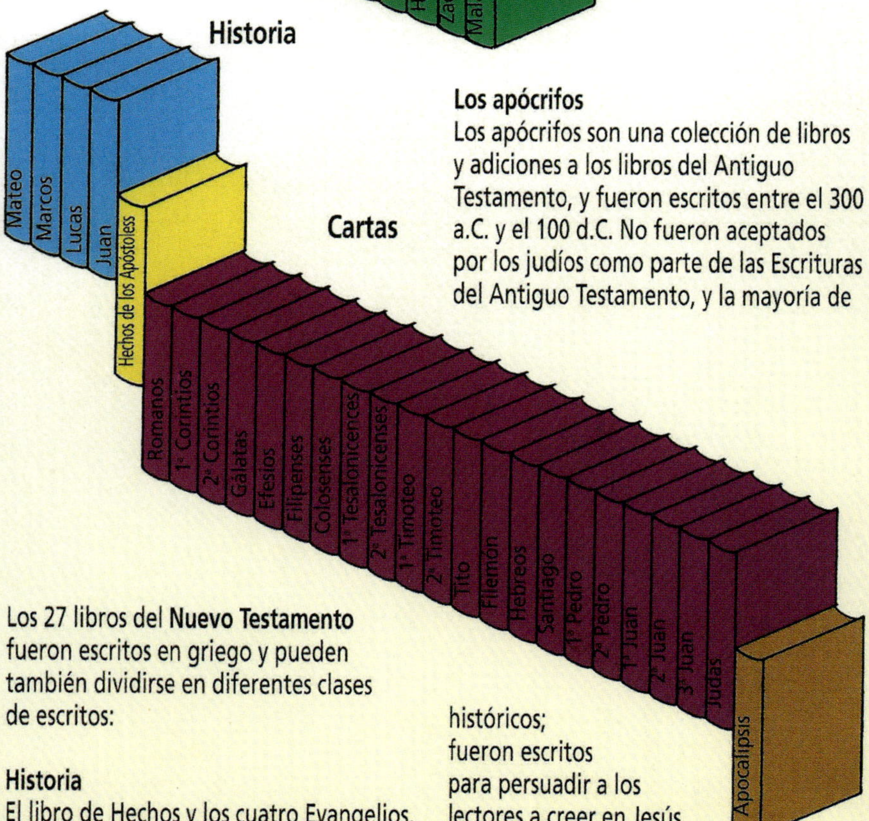


**Los apócrifos**
Los apócrifos son una colección de libros y adiciones a los libros del Antiguo Testamento, y fueron escritos entre el 300 a.C. y el 100 d.C. No fueron aceptados por los judíos como parte de las Escrituras del Antiguo Testamento, y la mayoría de las denominaciones protestantes no los aceptan como parte de las Escrituras genuinas.

Estos libros son documentos interesantes y de valor histórico que cubren una gama que va desde la narración histórica hasta la ficción piadosa.

Los 27 libros del **Nuevo Testamento** fueron escritos en griego y pueden también dividirse en diferentes clases de escritos:

**Historia**
El libro de Hechos y los cuatro Evangelios. Los Evangelios, sin embargo, no son meros registros históricos; fueron escritos para persuadir a los lectores a creer en Jesús, y constituyen retratos de Jesús como el Mesías.

**Cartas**
En ellas se incluyen las cartas de Pablo a iglesias en diversas ciudades, sus cartas a cristianos individuales, y cartas escritas por otros apóstoles.

**Apocalipsis**
Este libro comienza con unas cartas dirigidas a siete iglesias en Asia Menor, pero prosigue con inquietantes visiones acerca de los días postreros.

# La escritura

En los tiempos de la Biblia no se escribía sobre papel, sino sobre tabletas de arcilla, trozos de tiesto, tabletas enceradas e incluso sobre trozos de madera. También se comenzó a escribir sobre pergamino, que se hacía con pieles de ovejas, y sobre papiro, una especie de papel que recibe su nombre del papiro, una especie de junco que crece en las márgenes del río Nilo.

Para escribir sobre esas superficies tan diferentes se empleaban diferentes instrumentos. Para escribir sobre tabletas enceradas o sobre madera se usaba un aguzado estilo; para escribir sobre papiro o sobre pergamino, se usaba una caña o una pluma de ave.

En los tiempos del Antiguo Testamento se unían a menudo las páginas de los escritos por sus bordes y se arrollaban, para formar un rollo. Pero para la época del Nuevo Testamento ya se había comenzado a coser las páginas por sus bordes para hacer libros con cuadernillos como los que conocemos.

**El idioma**

El Antiguo Testamento fue originalmente escrito en hebreo. La lengua hebrea tiene un alfabeto con 22 consonantes, pero carece de vocales. Los caracteres alfabéticos del hebreo son distintos de los nuestros, y el hebreo se lee de derecha a izquierda en lugar de hacerlo de izquierda a derecha.

Algunas secciones de la Biblia fueron escritas en arameo, una lengua estrechamente relacionada con el hebreo. En tiempos de Jesús, la mayor parte de la gente en Palestina hablaba el arameo.

El Nuevo Testamento fue primero escrito en la lengua griega popular, que se llama griego koiné. El alfabeto griego tenía 24 letras, con una apariencia diferente a la de las letras de nuestro alfabeto.

***Arriba:*** **En los tiempos bíblicos, los registros oficiales, las narraciones y las inscripciones se hacían a menudo sobre tablas de piedra.**

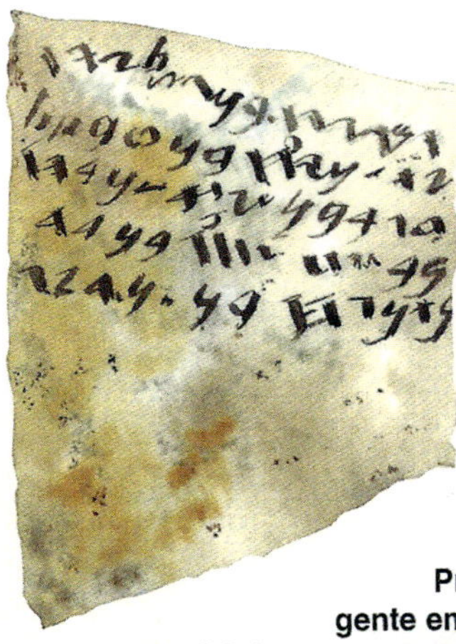

***Arriba:*** **Pronto la gente empezó a escribir breves mensajes con tinta o con un aguzado punzón sobre piezas de tiestos rotos llamados *ostraca*.**

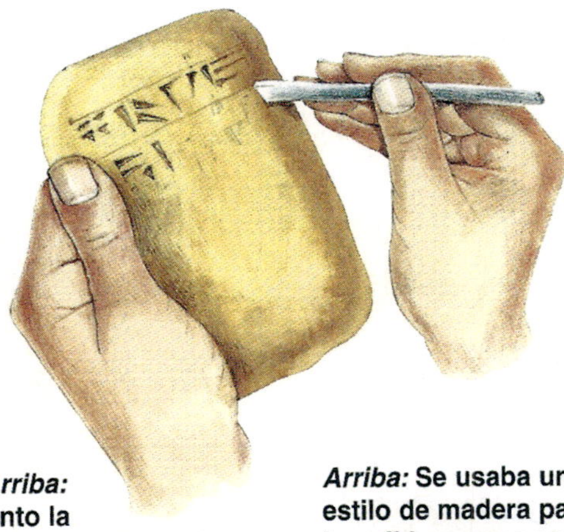

***Arriba:*** **Se usaba un estilo de madera para inscribir marcas en tabletas de arcilla.**

***Derecha:*** **Una sencilla tableta encerada como la que empleaban los escolares en tiempos del Nuevo Testamento.**

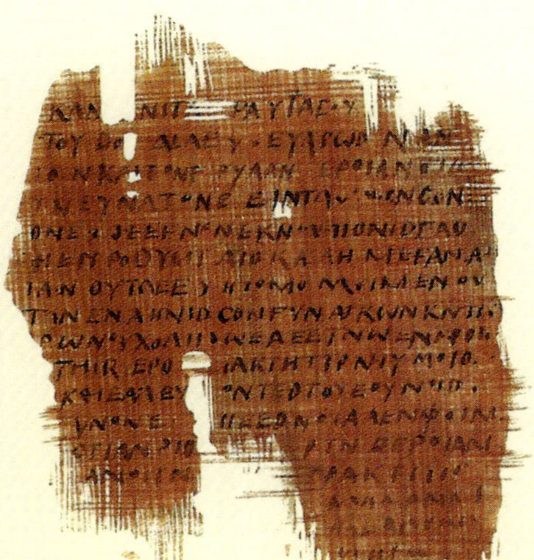

***Arriba:*** **Este documento en papiro contiene versículos del libro de Hechos.**

***Abajo:*** **Parte del rollo de Isaías descubierto en Qumrán entre los rollos del Mar Muerto.**

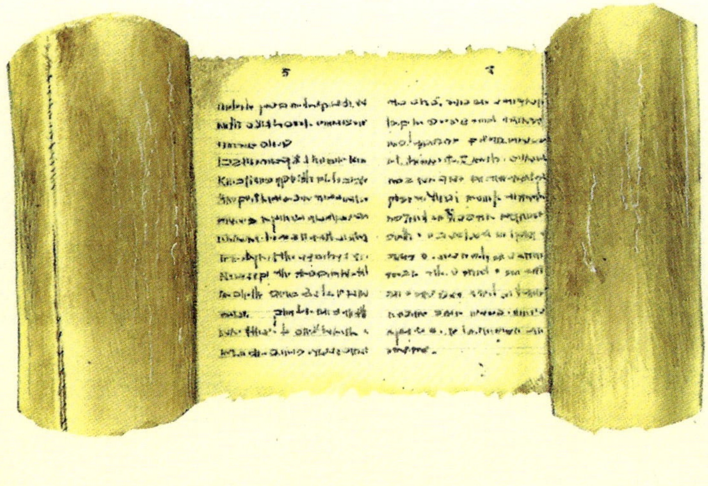

# ¿Quién escribió la Biblia?

La Biblia que tenemos hoy es generalmente un libro muy grueso de más de 1.000 páginas. Pero las diferentes partes de la Biblia fueron escritas por diferentes personas durante un largo período de tiempo, probablemente de entre 1.500 a 2.000 años. Fue con posterioridad que las muchas diferentes partes fueron recogidas en un solo volumen.

Las célebres historias acerca del primitivo pueblo judío —Moisés y los Diez Mandamientos, José y su túnica especial, y David y Goliat—, sucedieron hace unos 3.500 años y fueron escritas alrededor de aquel tiempo.

José y sus hermanos.

### La tradición oral

Las primeras historias de la Biblia se retrotraen a la prehistoria, mucho antes del invento de la escritura. Fueron transmitidas de la misma manera en que se transmiten en la actualidad las canciones de los niños en el recreo, por su constante repetición. La transmisión de las historias de esta manera se suele designar como tradición oral (o hablada). Alrededor de fogatas de campamento al caer la noche, en el culto, en el trabajo o en la guerra, la gente cantaba los cánticos y contaba las historias que habían aprendido de niños. Debido a que eran historias que hablaban de Dios, eran tratadas con sumo respeto. Cada palabra era importante, y tenía que ser repetida correctamente.

Los eruditos no están seguros de cuándo los libros del Antiguo Testamento fueron escritos por primera vez; el período de su redacción cubrió varios siglos. Hacia el siglo tercero a.C. los judíos reconocían como "santos" varios de sus libros, y como directamente inspirados por Dios. Fueron reconocidos formalmente en el sínodo de Jamnia en el 90 d.C., y son los libros que conocemos como el Antiguo Testamento, aunque en la actualidad los tenemos en un orden diferente.

### ¿Y qué hay acerca del Nuevo Testamento?

Jesús de Nazaret nació cientos de años después de los escritos que hemos mencionado más arriba, hace solo dos mil años. Pero las historias acerca de Jesús fueron al principio también transmitidas de palabra. Mateo, Marcos, Lucas y Juan escribieron los cuatro evangelios basándose en relatos de testigos oculares de la vida de Jesús. Así, las historias acerca del nacimiento de Jesús en Belén, su vida y milagros, que conocemos mediante los evangelios según Mateo, Marcos, Lucas y Juan, fueron todas escritas antes del año 100 d.C.

Mateo, Marcos y Lucas son generalmente designados como los Evangelios sinópticos, y parecen basarse en las mismas tradiciones orales acerca de la vida y enseñanza de Jesús.

## ¿Qué libros se debían incluir?

Hacia el año 100 d.C., todos los libros de nuestro Nuevo Testamento estaban ya escritos. Fueron reunidos gradualmente para formar un "canon", o "vara de medir", de la fe cristiana. Para la decisión de qué libros debían quedar incluidos en el Nuevo Testamento, los dirigentes de la iglesia preguntaron: "¿Enseña esto lo que enseñaron los discípulos de Jesús?", y: "¿Alienta esto y fortalece a los cristianos en la fe?"

### Marcos (Juan Marcos)

Cuando Juan Marcos era joven, los amigos de Jesús se reunieron en un aposento alto en casa de su madre en Jerusalén. Más tarde asistió a Pedro y a Pablo en sus misiones. Después que Pedro fue ejecutado en Roma, Marcos recogió por escrito las enseñanzas de Pedro, y esto es lo que conocemos como el Evangelio según Marcos, probablemente el primero en ser escrito. A veces es descrito como un evangelio "de acción".

**Moisés**
Los padres de Moisés fueron esclavos en Egipto. Él fue liberado de la muerte por la hija de Faraón, y se crió como hijo de ella, como príncipe de Egipto. Más adelante, Dios lo escogió para guiar a los esclavos israelitas a la libertad. Moisés escribió parte de los primeros cinco libros de la Biblia.

**David**
David fue el muchacho pastor que dio muerte al gigante Goliat con una piedra de su honda. Creció hasta ser un gran guerrero y el más célebre rey de Israel. Fue poeta y músico, y escribió muchos de los salmos.

**Isaías**
Isaías, amigo y consejero de reyes, fue profeta de Dios en Jerusalén alrededor del 740 a.C. Lo mismo que otros profetas judíos, llamó al pueblo a volver a la fe en Dios. En el libro de Isaías encontramos un mensaje de esperanza de un libertador que había de venir.

**Amós**
Amós era un granjero que aborrecía la hipocresía, la codicia y el falso culto a Dios que veía en las ciudades comerciales de Israel. Por esta causa se levantó en Bet-el y habló de parte de Dios. Cuando se le mandó que se fuese, dejó su mensaje por escrito.

**Nehemías**
Nehemías, un importante oficial judío en el palacio del emperador persa, se le permitió dejar sus responsabilidades para organizar la reconstrucción de Jerusalén. El libro de Nehemías incluye partes del diario de Nehemías.

**Juan**
Juan era un pescador de Galilea que llegó a ser uno de los más entrañables amigos de Jesús, y uno de los primeros dirigentes de la iglesia. Además del Evangelio según Juan, el Nuevo Testamento recoge tres cartas de Juan, y el libro de Apocalipsis, que Juan probablemente escribió durante su exilio en la isla de Patmos.

**Pablo y sus amigos**
Después de su conversión, Pablo llegó a ser un incansable misionero. Lucas, el médico de Pablo, escribió el Evangelio según Lucas, y también Hechos, la historia de los primeros cristianos.

En el Nuevo Testamento hay 21 cartas, escritas para ayudar a las jóvenes iglesias y a los nuevos cristianos. Sus autores incluyen a Pablo, a Santiago, que era hermano de Jesús, y a Pedro.

# Los idiomas de la Biblia

**La escritura**
La primera escritura consistió de sencillas imágenes, donde una imagen representaba una palabra. Se ha descubierto escritura de esta clase en Babilonia (la actual Irak), con más de 800 imágenes, y tiene más de 5.000 años.

**Jeroglíficos**
Los egipcios inventaron sus propias pequeñas imágenes para representar palabras, o partes de palabras. Las pintaban en hojas de papiro, y en paredes de edificios.

**Escritura cuneiforme**
Los babilonios no tenían acceso al papiro, y no era fácil dibujar sobre arcilla. Por esta razón, sus imágenes se fueron simplificando más y más, hasta que las palabras se convirtieron en unas formas estándar impresas en la arcilla con unos palos en forma de cuña. La palabra "cuneiforme" significa en forma de cuña.

**El alfabeto**
En Canaán, alrededor del 1500 a.C., alguien tuvo la inteligente idea de inventar un símbolo —una letra—, para cada sonido del lenguaje. Descubrieron que necesitaban alrededor de 25 letras.

Ya no era más necesario aprender centenares de diferentes formas para cientos de diferentes palabras. Cualquier palabra podría ser puesta por escrito solo oyendo sus sonidos y escogiendo las letras correspondientes. Esta sencilla idea pronto se transmitió a otros lenguajes.

**El alfabeto hebreo**

| | | | |
|---|---|---|---|
| א | a | ל | l |
| ב | b | מ | m |
| ג | g | נ | n |
| ד | d | ס | s |
| ה | h | ע | |
| ו | w | פ | p |
| ז | z | צ | s |
| ח | h | ק | q |
| ט | t | ר | r |
| י | y | ש | s |
| כ | k | ת | t |

Un rabí judío enseña a niños a leer las Escrituras. Ellos usan tabletas para la escritura; él lee de un rollo.

**Hebreo**

El Antiguo Testamento cuenta la historia del pueblo de Israel. Su lengua era el hebreo, y el Antiguo Testamento fue escrito en su mayor parte en hebreo. El alfabeto hebreo tiene 22 consonantes, pero no tiene vocales (los sonidos vocales tenían que ser suplidos por el lector). El hebreo se lee de derecha a izquierda, de modo que la primera página de la Biblia hebrea es nuestra última página.

Un rollo hebreo

**Arameo**

El arameo era hablado por los persas, que fueron la principal potencia en el Oriente Medio durante doscientos años, desde el 550 a.C. El arameo llegó a ser la lengua empleada por los comerciantes de aquella región. Partes de libros del Antiguo Testamento, Daniel, Esdras y Jeremías, se escribieron en arameo.

Para la época del Nuevo Testamento, el arameo era la lengua cotidiana de los judíos, y Jesús lo habría hablado. Sin embargo, el hebreo permaneció como la lengua de la oración y del culto. Las personas instruidas seguían comprendiendo el hebreo, pero cuando la Biblia hebrea era leída en los servicios de la sinagoga, era frecuente que un traductor diese el sentido en arameo.

Algunos manuscritos de partes del Antiguo Testamento en arameo, llamados "tárgumes", han llegado hasta nosotros. Nos sirven de ayuda para determinar las palabras del hebreo original.

**El alfabeto griego**

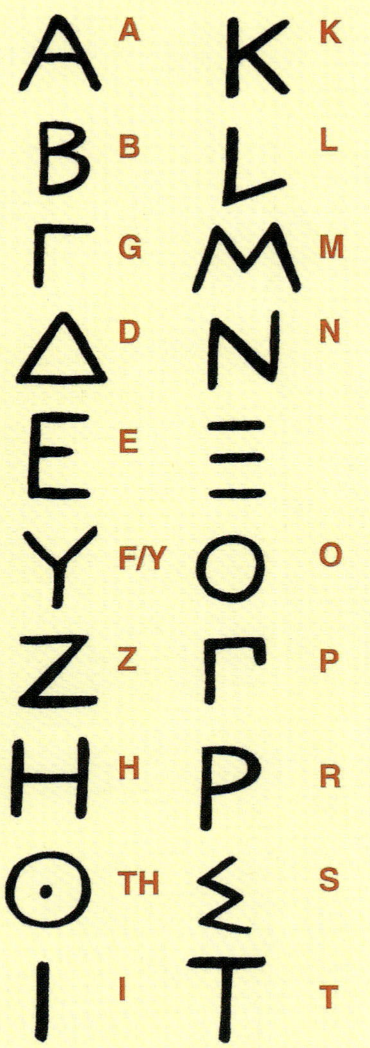


**Griego**

En el 331 a.C. el general griego Alejandro Magno conquistó Persia. Así alcanzó el dominio del mundo antiguo conocido, y el griego "común" pasó a ser la lengua comprendida por la mayor parte de la gente.

Cuando los seguidores de Jesús escribieron el Nuevo Testamento, quisieron que todo el mundo conocido supiera las Buenas Nuevas, de modo que escribieron en griego, traduciendo el arameo hablado por Jesús a la lengua griega. En solo unos pocos lugares retuvieron palabras arameas originales. Por ejemplo, "abba" es una palabra aramea que significa papá.

Cuando Jesús se dirigió a la hija de Jairo, le dijo: "Talita, cumi". Esas fueron las palabras arameas que Él empleó. Los escritores del evangelio nos dan una traducción griega, que en castellano es: "levántate, mi niña" (Marcos 5:41).

El alfabeto griego se compone de 24 letras, y fue el primero en incluir letras para vocales. Las frases —y los libros—, se escribían de izquierda a derecha.

En Apocalipsis, Dios dice: "Yo soy el Alfa y la Omega [la primera y la última de las letras del alfabeto griego], el que es y que era y que ha de venir" (Apocalipsis 1:8).

## La evidencia más antigua

Posiblemente la parte más antigua descubierta del Nuevo Testamento hasta hoy sea un fragmento de papiro, de solo 6 cm por 9 cm, que contiene unas pocas líneas del Evangelio de Juan. Está escrito en griego y data de alrededor del 130 d.C. Es conocido como el "Fragmento John Rylands".

# Los rollos del Mar Muerto

En 1947 un jovencito beduino pastor de ovejas que guardaba su rebaño por los yermos montes al oeste del Mar Muerto observó un orificio en las cercanas escarpaduras. Lanzó una piedra al interior, y oyó el ruido de un cacharro que se rompía. Intrigado, fue a explorar, y encontró una cantidad de jarras de barro cocido. Al examinarlas, vio que en su interior había rollos de pergamino cubiertos de antigua escritura hebrea. Al principio, nadie se interesó en su hallazgo; pero cuando algunos arqueólogos vieron los rollos, entonces se suscitó un enorme entusiasmo.

Con posteriores exploraciones, se descubrieron alrededor de 400 rollos en cuevas cerca de un lugar llamado Qumrán. Resultaron ser la biblioteca de una secta religiosa judía conocida como los esenios, e incluye partes de cada uno de los libros del Antiguo Testamento hebreo con excepción de Ester. La ascética comunidad esenia vivía en aquellos alrededores en tiempos de Cristo, y edificó un centro que ha sido excavado, y que incluye una torre de vigilancia, un refectorio, una sala de escritura —donde probablemente fueron copiados los rollos del Mar Muerto—, baños rituales, utensilios de cerámica y un cementerio.

La datación mediante carbono-14 da evidencia de que los rollos del Mar Muerto fueron escritos entre el 200 a.C. y el 70 d.C. El rollo de Isaías está casi íntegro, y tiene mil años más que nuestra siguiente copia superviviente de Isaías; sin embargo, ambos textos son casi idénticos. Esto muestra la precisión con que trabajaban los copistas, y lo muy en serio que tomaban su tarea.

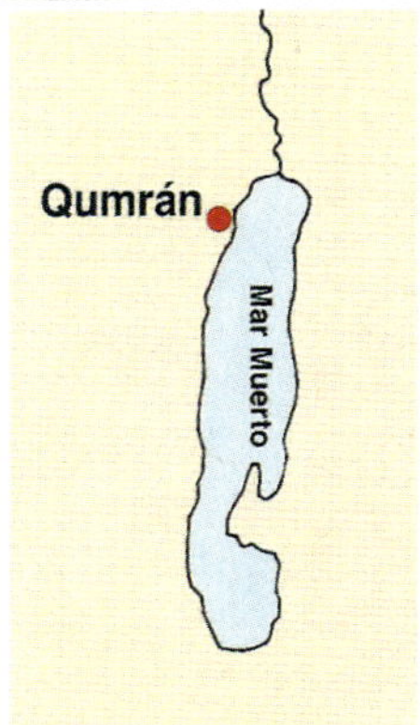

En estas cuevas cerca de Qumrán un pastor beduino descubrió los rollos del Mar Muerto.

Varios de los rollos del Mar Muerto eran de cobre.

Algunos de los rollos del Mar Muerto están ahora guardados en el Santuario del Libro, en Jerusalén.

Restos excavados de la comunidad de los esenios en Qumrán, cerca del Mar Muerto.

Parte del rollo de Isaías, el más antiguo y largo de los rollos del Mar Muerto.

# El rollo

Cuando se escribió la Biblia, los libros con páginas no habían sido inventados aún. En su lugar, se escribía sobre rollos, que se hacían de hojas de papiros, de pergamino, o incluso de cobre muy delgado, cosidas o pegadas para lograr una tira larga, de hasta diez metros de longitud y de 30 centímetros de anchura. Cada extremo se arrollaba alrededor de una vara de madera, y el lector desenrollaba el rollo con una mano y lo arrollaba con la otra. Cuando no se empleaban, los rollos se envolvían en paños y se guardaban en jarras altas para preservarlos.

El apóstol Pablo escribió desde la cárcel en Roma pidiendo a Timoteo que le llevase sus "libros [rollos], especialmente los pergaminos" (2 Timoteo 4:13).

Los primeros escritos cristianos circularon en rollos de papiro.

Los rollos de Qumrán fueron hallados en jarras como esta.

# Llega el libro

Los rollos eran engorrosos para su transporte, y se tardaba mucho tiempo en encontrar un determinado pasaje de la Biblia en un rollo largo.

En el siglo segundo, los cristianos reunieron todos los libros del Nuevo Testamento. Probablemente fueron los primeros en eliminar el uso de los rollos. En su lugar, idearon recoger varias hojas de papiro o de pergamino, doblarlas por la mitad, coserlas a lo largo del doblez, y luego añadir más hojas dobladas. Este precursor de nuestro "libro" era a veces protegido también con unas tapas duras. Este primitivo tipo de libro era llamado "códice" (en plural, códices)

¡Así llego el libro!

***Arriba:*** **Monasterio de Santa Catalina, Sinaí.**
***Abajo:*** **Vista general del monasterio de Santa Catalina.**

**Konstantin von Tischendorf, quien descubrió el *codex sinaiticus*.**

## El *codex sinaiticus*

Nuestra copia completa más antigua del Nuevo Testamento fue escrita poco después del 300 d.C. Se llama *codex sinaiticus* porque fue descubierto al pie del Monte Sinaí, en el Monasterio de Santa Catalina.

En 1844, un erudito alemán llamado Konstantin von Tischendorf estaba visitando este lejano monasterio, y descubrió unos pergaminos con una antigua escritura griega. Los manuscritos resultaron ser parte del Antiguo Testamento, y datan del siglo cuarto d.C. Entusiasmado por el descubrimiento, Tischendorf volvió a visitar el monasterio, y finalmente descubrió tantas hojas que casi pudo completar la Biblia entera. En la actualidad el *codex sinaiticus* se conserva en el Museo Británico, en Londres.

Otros importantes manuscritos primitivos de la Biblia en griego incluyen el *codex vaticanus*, que se conservan en la Biblioteca Vaticana, en Roma, y el *codex alexandrinus*, también en el Museo Británico.

**Páginas del *codex (códice) sinaiticus*.**

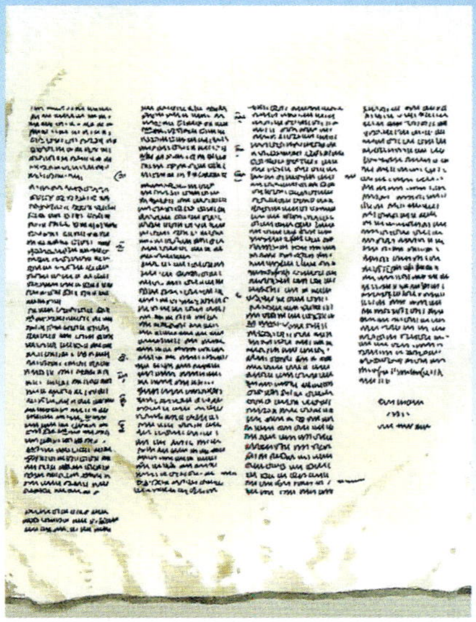

**Una página del *codex sinaiticus*.**

# Cómo nos llegó la Biblia

Copiar era un proceso largo y laborioso

### Escribas judíos

Los escribas judíos eran unos personajes importantes, porque en los tiempos antiguos eran con frecuencia los únicos que sabían leer y escribir. Redactaban testamentos y otros documentos legales, y guardaban registros.

Cuando se necesitaban nuevas copias de rollos del Antiguo Testamento, cada palabra tenía que ser escrita a mano. Los escribas tenían la sagrada tarea de preservar, copiar y explicar las enseñanzas del Antiguo Testamento.

Para asegurar que cada escriba comprendiese la importancia de su tarea, y para que no cometiera errores, se debían seguir unas cuidadosas reglas. Por ejemplo:

- *Cada día debía comenzar su trabajo con oración.*
- *El nombre de Dios debía ser dejado en blanco, para ser escrito después por otro escriba que empleaba una tinta "más pura".*
- *Al final de cada sección de un libro, el escriba contaba las líneas, las palabras y las letras en el original y las comparaba con su copia. También encontraba y comprobaba la palabra central de cada sección.*

A veces se cometían errores. Pero se ha calculado que los errores se cometían en un promedio de solo uno por cada 1.580 letras.

### La Septuaginta

El Antiguo Testamento fue traducido por primera vez del hebreo al griego en los siglos tercero y segundo a.C. Esta traducción llegó a ser conocida como la Septuaginta. "Septuaginta" es un término que procede del latín para setenta; hay una tradición de que setenta eruditos llevaron a cabo esta traducción.

Los judíos se habían esparcido por todo el mundo del Mediterráneo, y a menudo hablaban griego en lugar de hebreo. Esta traducción fue hecha en Alejandría, Egipto, para la celebérrima gran biblioteca de aquella ciudad.

### Monjes

La palabra "monje" procede de una palabra griega que significa "uno que vive solo". El primer monje cristiano fue Antonio, que vivió en la soledad de los desiertos de Egipto desde alrededor del 270 hasta el 290 d.C. Otros siguieron su ejemplo. Más a menudo, había hombres (y, de manera separada, mujeres) que vivían agrupados en un monasterio, y que pasaban la vida en oración, el estudio de la Biblia y en obras útiles como la labranza o el cuidado de los enfermos.

### Copistas

Durante las edades oscuras, después de la caída del Imperio Romano, los monjes protegieron y transmitieron la Biblia. Cuando una Biblia quedaba desgastada, pasaban años haciendo una nueva copia. Cada códice tenía que ser copiado a mano. Era un proceso largo y laborioso.

A veces se cometían errores, quizá por cansancio del monje o del escriba, o quizá debido a la deficiente luz con la que trabajaba. A veces el escriba incluso hacía algún cambio deliberado porque quería poner las Escrituras en sus propias palabras o para que se ajustasen a su propio punto de vista.

A menudo los monjes trabajaban en un scriptorium o sala de escritura, escribiendo cada monje en silencio ante su pupitre. Debido al peligro de que un incendio destruyera los manuscritos, la estancia no tenía ni lumbre ni lámparas. La tarea era fatigosa. Había un dicho: "Dos dedos sostienen la pluma, pero todo el cuerpo se afana".

Un monje medieval copia una página de la Biblia.

# La traducción de la Biblia

Hacia el año 300 d.C. el Nuevo Testamento había sido traducido a varios idiomas que incluían el latín, el sahídico y el siríaco; una lengua que se habla en la actual Turquía. La Biblia siríaca recibió el nombre de Peshitta o versión "simple". Los misioneros sirios llevaron el evangelio —y la Biblia—, a lugares tan distantes como la China, la India, Armenia y Georgia.

Los alfabetos armenio y georgiano fueron probablemente inventados especialmente para a su vez poder traducir la Biblia a estas lenguas. La Biblia fue también traducida al copto, una forma de egipcio antiguo: la lengua de los cristianos norteafricanos.

Jerónimo tradujo la Vulgata en Belén.

### Jerónimo

Un erudito llamado Jerónimo, nacido en el norte de Italia alrededor del 345 d.C., llegó a sentirse muy inquieto por los errores de los copistas. Emprendió largos viajes, aprendiendo muchos idiomas y transcribiendo muchos pasajes de las Escrituras.

Copia de la Vulgata encuadernada en cuero.

Hacia el 382 d.C., el Papa Dámaso pidió a Jerónimo que hiciera una traducción totalmente nueva de los Evangelios, los Salmos y otros libros del Antiguo Testamento, con la intención de librarse de los errores que se habían introducido a lo largo del tiempo.

### La Vulgata

Para esta época, la mayoría de los cristianos de occidente hablaban la lengua latina, y encontraban difícil comprender el griego del Nuevo Testamento. Se habían hecho muchas traducciones latinas, pero no estaban bien escritas ni eran exactas. De modo que Jerónimo se encerró en un monasterio en Belén en el 386, dispuesto a traducir al latín los textos originales en hebreo y griego de la Biblia entera. Un rabí judío le ayudó a aprender hebreo y a traducir directamente del Antiguo Testamento. Su tarea le llevaría veintitrés años.

Una vez terminada, la traducción de Jerónimo fue creciendo en popularidad. Conocida como la Vulgata, que significa "Versión común", desde el siglo octavo hasta 1609 fue la única Biblia empleada por la iglesia católica romana.

Jerónimo tradujo la Biblia con la ayuda de un rabí judío.

# La Biblia para el pueblo

Pedro Valdo.

**En la Edad Media, la mayoría de las Biblias, por hermosas que fuesen, seguían siendo escritas en latín: una lengua que el común de la gente no podía comprender. Algunos hombres resolvieron cambiar esta situación al traducir la Biblia a las lenguas vernáculas.**

**Un libro para los godos**
Hasta el siglo cuarto, la lengua de los germanos ostrogodos nunca había sido puesta por escrito. Pero hacia el 350 d.C., el obispo Ulfilas tradujo la Biblia a la lengua de los ostrogodos, dando un alfabeto a esta lengua.

El manuscrito mejor conocido que ha sobrevivido de esta traducción es el códice de plata o codex argenteus, preservado actualmente en Upssala, Suecia, y que fue escrito con oro y plata en vitela teñida en púrpura.

**Las versiones de Valdo**
Hacia el 1175, Pedro Valdo, un rico mercader que vivía en Lyon, Francia, se convirtió a Cristo. Tomando literalmente las palabras de Jesús, se desprendió de todas sus posesiones.

Los seguidores de Valdo, llamados valdenses, tradujeron la Biblia a la lengua provenzal —y probablemente también al italiano, alemán, piamontés (italiano septentrional) y catalán (lengua hablada en el nordeste de España).

## John Wycliff

**La primera traducción de cualquier pasaje de la Biblia al anglosajón fue una versión de los Salmos, hecha alrededor del 700 d.C. por el obispo Adhelm de Sherborne. Posteriormente, Beda el Venerable, abad en Jarrow, al nordeste de Inglaterra, tradujo parte del Evangelio de Juan antes de su muerte en el 735.**

**John Wycliff (1329-84) anhelaba una traducción de la Biblia al inglés, para que el común de la gente pudiera comprender su mensaje. Le indignaba que los sacerdotes pudieran decidir qué partes de la Biblia leer y cómo se debía interpretar. Wycliff enseñó en la Universidad de Oxford hasta que fue expulsado de ella por atacar éstas y otras faltas de la iglesia.**

**Wycliff fue posteriormente juzgado acusado de herejía, y algunos de sus preciosos libros fueron echados a una hoguera pública.**

**Un alfabeto para Rusia**
En el siglo noveno, Cirilo y Metodio, dos hermanos cristianos de Tesalónica, en Grecia, se embarcaron en una misión a los eslavos de Europa Oriental. Como parte de su tarea, tradujeron la Biblia al eslavo antiguo. Para escribir su traducción inventaron un alfabeto que devino el precursor del alfabeto cirílico —designado así por Cirilo—, que sigue en uso en la actualidad en el sudeste de Europa y en Rusia.

Estos son los nombres de los escritores de los Evangelios en ruso, en alfabeto cirílico:

**Матфея**

**Марка**

**Лукн**

**Ноанна**

**Juan Hus**
En el siglo quince, en Praga, capital de Bohemia (ahora la República Checa), Juan Hus (1374-1415), rector de la Universidad Carlos, comenzó a pronunciarse acerca de la codicia, inmoralidad y ambición de los sacerdotes. Fue muy influido por las enseñanzas de Wycliff. Como resultado de sus puntos de vista declarados, Hus fue acusado de herejía, encarcelado, y finalmente quemado en la hoguera.

Sin embargo, los seguidores de Hus iniciaron la traducción de la Biblia al checo, y en 1475 se publicó un Nuevo Testamento checo.

Juan Hus, el reformador checo.

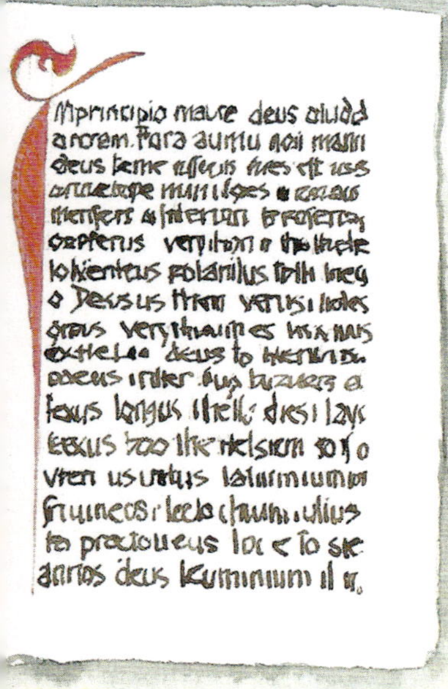

Unas preciosas copias de la Biblia de Wycliff arden en una hoguera pública por orden de un tribunal inglés.

**La Biblia de Wycliff**
Algunos de los seguidores de Wycliff, como Nicholas de Hereford y John Purvey, tradujeron la Biblia entera al inglés, tarea que finalizó en 1384. En 1408 esta "Biblia de Wycliff" fue prohibida, pero se hicieron cientos de copias que fueron vendidas en secreto.

No era frecuente que el común de la gente supiera leer, de modo que los seguidores de Wycliff —los sacerdotes pobres o "lolardos"—, comenzaron a viajar de población en población leyendo y explicando la Biblia. Algunos fueron quemados en la hoguera como herejes, con Biblias atadas al cuello. Sin embargo, 170 copias de esta versión han llegado hasta nosotros.

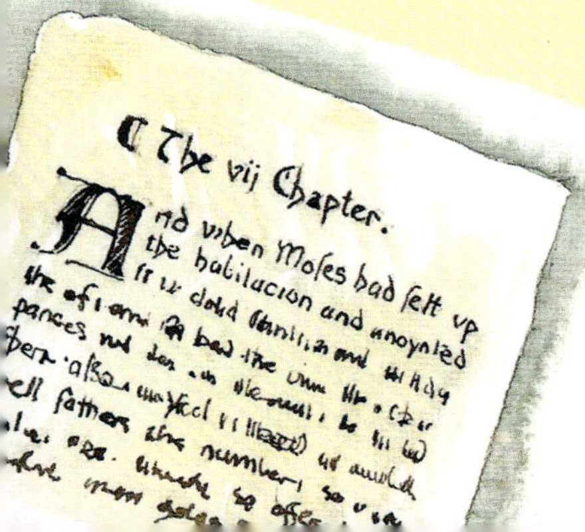

Impresión de la Biblia en una imprenta primitiva

Una de las primeras Biblias impresas.

# ¡Se acabó hacer copias a mano!

En 1450 tuvo lugar un acontecimiento que iba a afectar de manera radical la historia de la Biblia: la invención de la imprenta. (O su reinvención: los chinos habían estado imprimiendo libros desde el 868 d.C.)

En Maguncia, Alemania, Johann Gutenberg descubrió que podía imprimir en pergamino con letras de madera empapadas de tinte. Usando este método, podía hacer cientos de libros impresos, en lugar de solo un volumen escrito a mano.

A continuación, Gutenberg experimentó con tipos metálicos: había comenzado la era de los libros impresos.

El primer libro completo impreso por Gutenberg fue la Biblia latina, en 1456. En 1978, una de las pocas Biblias de Gutenberg que han sobrevivido fue adquirida por 1.265.000 libras esterlinas.

Aunque Johann Gutenberg y la población de Maguncia intentaron mantener el invento en secreto, pronto se difundió la noticia, y antes que pasara mucho tiempo surgían imprentas por toda Europa, de Roma a París, de Cracovia a Londres. La primera imprenta en Inglaterra fue fundada por William Caxton en Londres, en 1476.

Pronto hubo Biblias impresas por todas partes. El primer Antiguo Testamento hebreo impreso apareció en Soncino, Italia, en 1488, producido por un grupo de judíos italianos.

**EL NUEVO TESTAMENTO GRIEGO**

Un famoso erudito holandés, Desiderio Erasmo, preparó la primera edición impresa del Nuevo Testamento griego, que se imprimió en Basilea, Suiza, en 1516. Este Nuevo Testamento vino a ser la base para muchas modernas traducciones europeas del Nuevo Testamento, incluyendo importantes traducciones inglesas y alemanas.

# Dos grandes traductores

William Tyndale.

**El gran reformador**
En los siglos quince y dieciséis tuvieron lugar enormes cambios en Europa. Más y más personas estaban recibiendo una educación, y se estaban formando sus propias opiniones sobre la sociedad y la religión. Las cosas iban muy mal en la iglesia; muchos sacerdotes eran deshonestos o perezosos, y algunos enseñaban sus propias ideas sin apoyarse en la Biblia.

Una persona dispuesta a levantarse y a criticar este estado de cosas fue un sacerdote alemán llamado Martín Lutero, nacido en 1483. Haciéndose monje, Lutero se esforzó por vivir una vida de piedad, pero tenía la conciencia de que no podía ser tan bueno como Dios demandaba. Mientras leía la carta a los romanos, reconoció repentinamente que la gracia es un don de Dios. ¡Esto constituyó una verdadera ruptura!

Las puertas de las iglesias eran a menudo empleadas como tableros de noticias, y en octubre de 1517 Martín Lutero clavó en la puerta de la iglesia de Wittenberg una lista de 95 reformas religiosas que creía que era necesario aplicar. Debido a su postura, Lutero llegó a ser conocido como un "reformador", y sus acciones condujeron a los enormes cambios en la iglesia que conocemos como la Reforma.

**Fugitivo**
Lutero fue declarado fuera de la ley por su postura, y huyó al refugio del castillo de Wartzburgo. Allí comenzó la traducción de la Biblia al alemán. Quería que otros experimentasen el gozo que él había encontrado al leerla.

Lutero creía que una buena traducción tenía que hacerse directamente del lenguaje original, y que debía hacerse a la lengua cotidiana. La "Biblia de Lutero" completa se publicó en 1532, una de las primeras en el lenguaje del común de la gente. Incluso en la actualidad la traducción de Lutero se mantiene como la más querida de las Biblias alemanas, y ha servido de ayuda para dar forma a la moderna lengua alemana.

**Una Biblia para los jóvenes labradores**
Aunque ya se había hecho la Biblia de Wycliff en inglés, estaba escrita a mano y contenía muchos errores de traducción y de copiado. Incluso después de la invención de la imprenta, seguía sin haber una Biblia impresa que los ingleses pudieran leer en su propia lengua.

Los dirigentes de la iglesia y del estado pensaban que era peligroso que el común de la gente leyesen la Biblia por sí mismos y decidieran qué creer. De modo que era ilegal traducir o imprimir ninguna parte de la Biblia. Pero el inglés William Tyndale declaró a un sacerdote: "Si Dios me da vida … haré que el muchacho que dirige el arado sepa más de la Biblia que ustedes".

**Contrabandistas de Biblias**
William Tyndale (1494-1536) es el más grande de los traductores ingleses de la Biblia. Exiliado en Alemania, tradujo el Nuevo Testamento del original griego. En 1526 entraron en Inglaterra de contrabando copias impresas, en sacos de grano y en cajas de pescado; el rey Enrique VIII ordenó que fuesen quemadas. Antes que Tyndale pudiera terminar de traducir el Antiguo Testamento fue traicionado, atrapado en una celada, y quemado en la hoguera en Bélgica. Muriendo, oró: "Señor, abre los ojos del rey de Inglaterra".

Martín Lutero.

# La imparable Biblia

De repente, a partir de 1500, la Biblia fue traducida a muchos idiomas europeos. Esto se debió a diversas razones:

- Más y más personas se sentían disgustadas por la conducta y enseñanza de muchos sacerdotes, y se volvían a la Biblia como el libro fuente de la fe.
- En 1453, Constantinopla, el centro de la Iglesia de Oriente, fue tomada por los turcos. Los eruditos cristianos huyeron a Europa Occidental, llevando consigo preciosos y antiguos manuscritos griegos que nunca antes habían sido vistos en Occidente. Esto ayudó a producir un avivamiento de la cultura (el Renacimiento) y un renovado interés en el Nuevo Testamento griego y sus enseñanzas.
- La invención de la imprenta significó que las ideas se podían extender mucho más rápidamente.

El rey Jacobo I de Inglaterra inspecciona la Versión Autorizada de 1611.

**La Biblia en holandés**
Se hicieron muchas traducciones basadas en la Biblia alemana de Lutero. La traducción protestante holandesa más importante fue la de Jaacob van Liesveldt, que fue publicada en 1526. La iglesia católica romana produjo su propia versión holandesa, traducida por Nicolaas van Winghe en 1548.

**La Biblia en inglés**
La Biblia de Ginebra, publicada en 1560, fue traducida por protestantes ingleses exiliados en Ginebra. Era la traducción inglesa más precisa hasta la fecha, y a veces es llamada la "Biblia de los calzones", porque en Génesis 3:7 dice que Adán y Eva "se hicieron calzones". Esta traducción fue inmediatamente puesta en uso por las iglesias de Escocia.

**La versión del rey Jacobo**
En 1603, cuando el rey Jacobo I accedió al trono de Inglaterra, había dos Biblias en uso general: la Biblia de Ginebra y la Biblia de los Obispos (una versión corregida de la Biblia de Miles Coverdale, publicada en 1568). Con el apoyo del rey Jacobo I, se acordó preparar una nueva edición, basada en estas dos Biblias, y en los textos originales griego y hebreo.

Trabajaron 50 eruditos en seis equipos, traduciendo cada equipo una sección, y el texto final fue revisado por un comité de dos eruditos de cada equipo. Esta "Versión Autorizada", publicada por primera vez en 1611, se hizo extraordinariamente popular debido a su precisión y a la cadencia de su lenguaje. Durante más de 300 años fue con mucho la Biblia más extensamente leída en el mundo protestante de habla inglesa.

**La Biblia portuguesa**
El primer Nuevo Testamento en portugués, traducido por Joao Ferreira d'Almeida, fue publicado en Amsterdam en 1681. Pero la Biblia entera en portugués no apareció hasta 1748-1773.

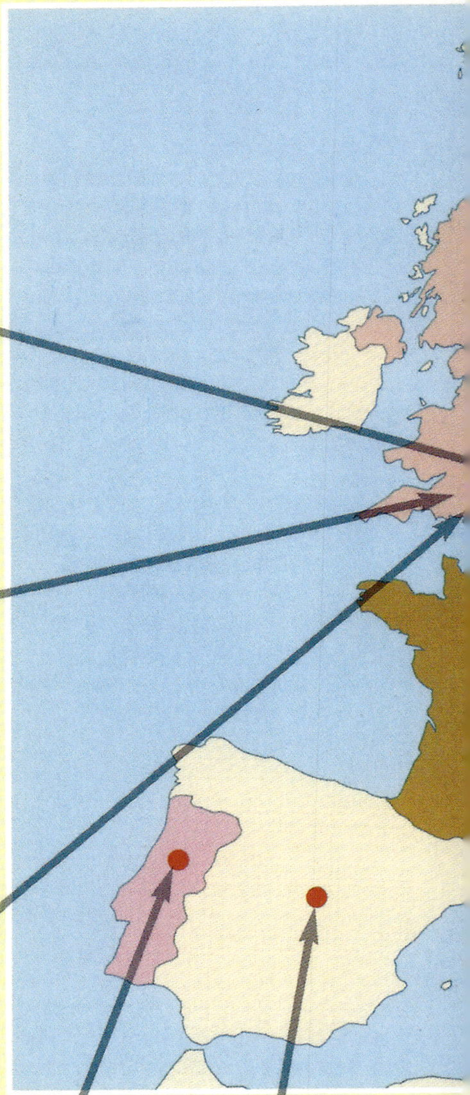

**Biblias españolas**
La primera Biblia completa en una lengua española fue la traducida a la variedad valenciana de la lengua catalana, y publicada en 1417, pero toda la edición fue destruida por la Inquisición. En 1569 se publicó en Basilea, Suiza, una nueva traducción a la lengua castellana, preparada por el monje Casiodoro de Reina, exiliado en Inglaterra y Alemania.

La traducción de Reina, revisada por un monje llamado Cipriano de Valera, volvió a ser publicada en 1602; esta versión, con el nombre de Reina-Valera, vino a ser la Biblia protestante española clásica.

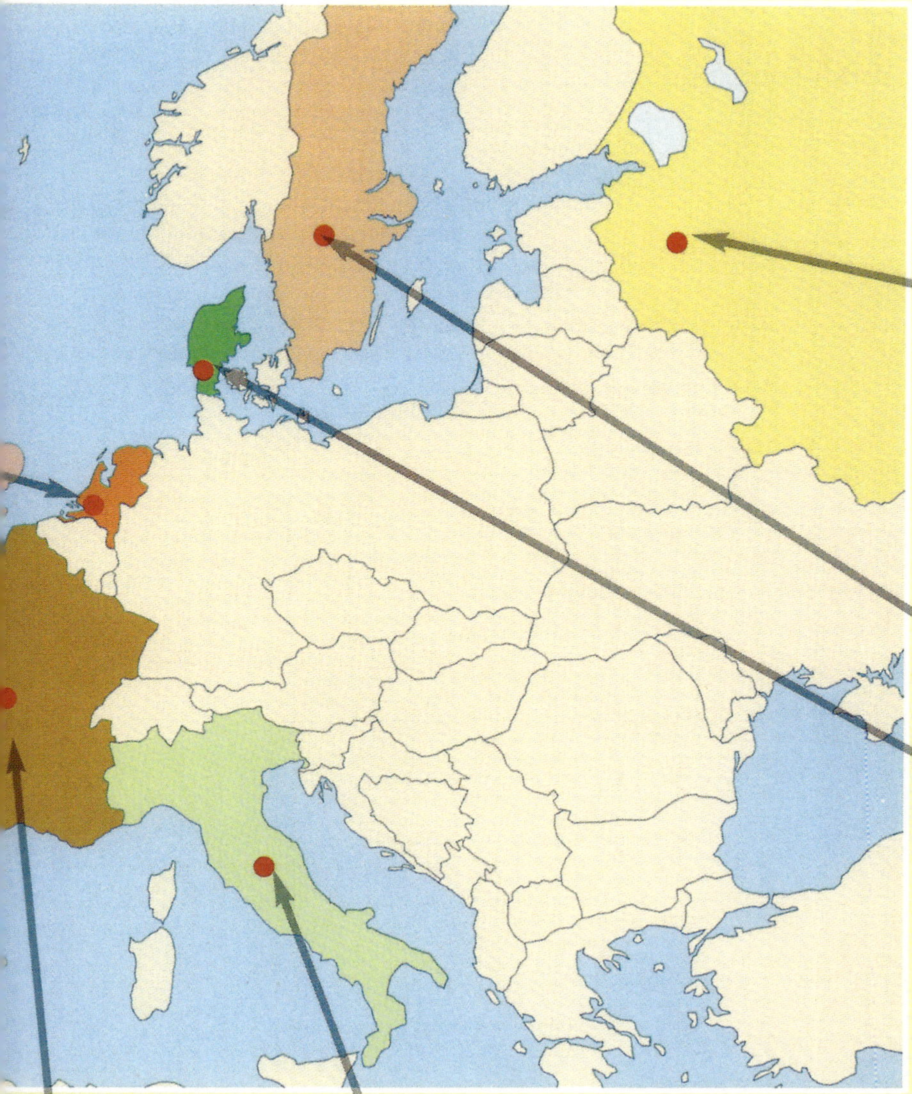

## La Biblia en ruso
La primera Biblia impresa que se publicó en ruso, en 1581, estaba en lengua eslava, basada en la traducción hecha originalmente en el 863 d.C. por los hermanos misioneros Cirilo y Metodio. El Nuevo Testamento en ruso no apareció hasta 1821, y el Antiguo Testamento no lo hizo hasta 1875.

## La Biblia sueca
En 1541 Suecia recibió la Biblia de Uppsala, traducida por Laurentius Petri, arzobispo de Uppsala.

## Una Biblia para los daneses
Dinamarca se convirtió principalmente en protestante en los primeros tiempos de la reforma, y la primera versión danesa del Nuevo Testamento fue publicada en 1524. La versión danesa clásica, publicada en Copenhage en 1550, fue designada como la Biblia del rey Christian III, por el soberano reinante en Dinamarca.

## La Biblia en francés
Un sacerdote católico romano, Jacques Lefévre d'Étaples, publicó un Nuevo Testamento francés en 1523. Pero surgieron sospechas en dirigentes franceses de la iglesia porque sentía simpatías por la Reforma, por lo que su Biblia completa, que incluía los Apócrifos (el grupo de libros escritos entre el Antiguo y el Nuevo Testamento y que no siempre se incluye como parte reconocida de la Biblia), se tuvo que publicar en Amberes, Bélgica, donde no sería confiscada. Traducida a partir de la Vulgata Latina, esta versión vino a ser conocida como la Biblia de Amberes.

La primera Biblia francesa abiertamente protestante fue la publicada en 1535 en Neuchâtel, Suiza, traducida por Pierre Robert Olivetan, primo del reformador ginebrino Juan Calvino. Fue publicada en 1650, y se conoce frecuentemente como la Biblia de Ginebra. Vino a ser la Biblia francesa protestante clásica.

Mientras, en la Universidad de Lovaina se llevó a cabo una traducción católica romana de la Biblia, publicada en 1550, y que se conoce como la Biblia de Lovaina.

## Biblias para Italia
La primera Biblia en italiano fue publicada en Venecia en 1471. La Biblia católica de Antonio Brucioli fue publicada en la década de 1530, y la primera Biblia protestante en 1562.

La más famosa de las Biblias protestantes italianas fue la versión de Giovanni Diodati, publicada en 1607 en Ginebra.

**Lefèvre d'Étaples traduce la Biblia.**

# Al nuevo mundo, y más allá

**Tras haber traducido la Biblia a la mayoría de los idiomas europeos, los cristianos europeos comenzaron a mirar hacia otras partes del mundo.**

### Una Biblia para los nativos norteamericanos

En los años 1600, unos cristianos ingleses, llamados “puritanos”, pensaron que la iglesia estatal ya no se ajustaba a las enseñanzas de la Biblia. Un grupo de puritanos, conocidos como los Padres Peregrinos, se embarcaron en 1620 rumbo a América del Norte, para comenzar una nueva vida.

Once años después, un ministro inglés llamado John Eliot (1604-1690) llegó al nuevo mundo con otro grupo de peregrinos. Tras aprender la lengua de los indios nativos de Massachusetts, Eliot comenzó a predicarles el evangelio. Para 1663, había traducido la Biblia entera a la lengua de Massachusetts. Esta versión nativa americana fue la primera Biblia producida en América del Norte.

### La primera Biblia india

A principios del siglo dieciocho unos misioneros de una misión pietista danesa emprendieron la travesía a las Indias Orientales. Un misionero alemán, Bartholomew Ziegenbalg (1682-1719), tradujo el Nuevo Testamento al tamil, la primera porción de la Biblia en una lengua india. También tradujo el Antiguo Testamento hasta el libro de Rut. La traducción de Ziegenbalg fue acabada por otro misionero pietista alemán, Christian Friedrich Schwartz (1726-1760).

## La extensión de la traducción de la Biblia hasta 1850

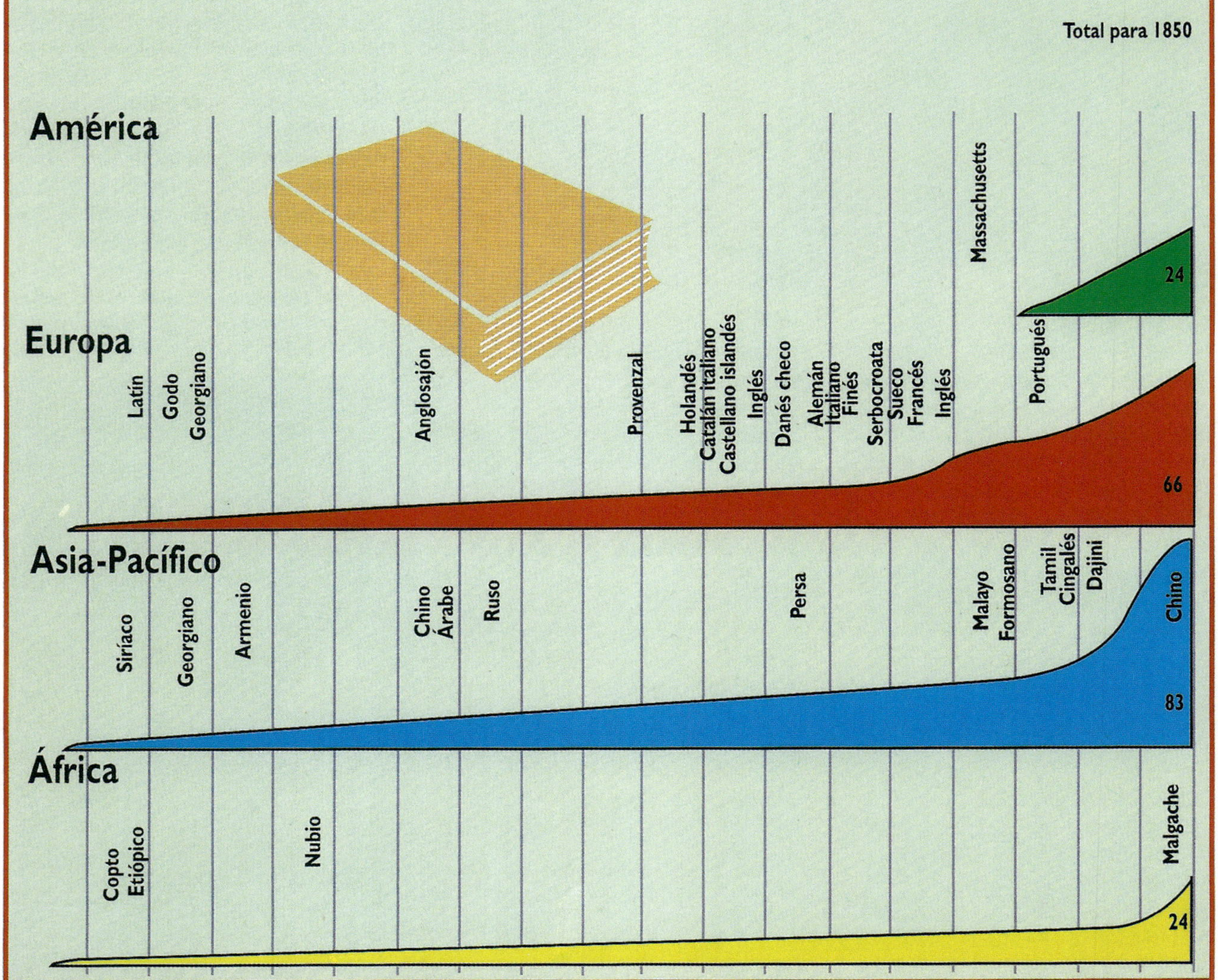

Hacia 1800 la Biblia había sido traducida a menos de 70 lenguas. Para 1900, más de 500 lenguas tenían al menos un libro de la Biblia. ¿A qué se debe este rápido cambio?

- Los exploradores estaban ahora viajando por todo el mundo.
- Comerciantes que buscaban nuevas oportunidades para el comercio establecieron compañías en países lejanos. A menudo empleaban capellanes que acompañasen a los viajantes.
- Un avivamiento de la fe en Cristo, y el ejemplo de William Carey, encendieron a los cristianos con un entusiasmo por las misiones y por la traducción de la Biblia.

### América del Sur

La primera traducción de las Escrituras que se imprimió en una lengua nativa de América del Sur fue el Evangelio de Lucas en aimará, en 1829. La traducción fue llevada a cabo por un peruano, el doctor Vicente Pazos-Kanki quien residía en Londres.

### África

Exploradores y misioneros como David Livingstone comenzaron a visitar África a principios del siglo diecinueve. Un escocés llamado Roberto Moffat fue a África del Sur y tradujo la Biblia al setswana.

La traducción a la lengua yoruba fue supervisada por Adjai Crowther, un esclavo liberto de Nigeria y que llegó a ser el primer obispo africano. Fue terminada en 1884.

**David Livingstone.**

**Livingstone con esclavos liberados en África.**

## Un zapatero que tradujo la Biblia

Cuando dejó la escuela, el joven inglés William Carey (1761-1834) empezó a trabajar como aprendiz de zapatero. Después de su conversión, comenzó a estudiar el Nuevo Testamento, y se hizo predicador bautista. Aprendió latín, griego, hebreo, francés y holandés de manera autodidacta. Llegó a la convicción de que las palabras de Jesús: "Id por todo el mundo ..." no habían sido dirigidas solo a los primeros discípulos —como muchos pensaban en aquel entonces—, sino a todos los cristianos en todas las edades. De modo que Carey retaba a sus oyentes: "Esperad grandes cosas de Dios ... Emprended grandes cosas para Dios". Como resultado de su fervor, en 1792 se constituyó la Sociedad Misionera Bautista.

**William Carey, traductor de la Biblia.**

### Travesía a la India

En 1793 William Carey emprendió el viaje a la India, con su esposa y sus cuatro hijos. Allí se ganó la vida como encargado de una fábrica de tinte de índigo, y en su tiempo libre aprendió varias lenguas indias. Pronto emprendió la traducción de la Biblia al bengalí.

Con el tiempo, Carey supervisó la traducción de la Biblia completa a seis lenguas locales y de partes de la Biblia a otros veintinueve, incluyendo el sánscrito, el bengalí, el maratí y el cingalés. Uno de los colegas de Carey, Joshua Marshman, emprendió la traducción de la Biblia al chino, como también lo hizo otro inglés, Robert Morrison. La Biblia completa en chino fue finalmente publicada en 1823.

# ¿Por qué no para todo el mundo?

Thomas Hughes preguntó: "¿Por qué no Biblias para todo el mundo?" Y así comenzaron las Sociedades Bíblicas.

## Mary Jones

En 1796, en una aldea de los montes de Gales, una niña de diez años llamada Mary Jones decidió ahorrar para comprar una Biblia galesa. Su familia era pobre, y necesitó seis años para reunir el dinero necesario. Por fin, emprendió el camino, descalza, hacia Bala, a 40 kilómetros de distancia, donde el Rdo. Thomas Charles tenía Biblias a la venta. Agotada, llamó a su puerta, y se enteró de que sus tres Biblias ya habían sido vendidas. El señor Charles se sintió tan dolido por Mary Jones que le dio su propia Biblia.

El ministro contó la historia de Mary en una reunión de la Sociedad de Tratados Religiosos en Londres; como resultado de ello, los miembros resolvieron producir Biblias galesas para la gente a precios bajos.

Entonces otro ministro, el Rdo. Thomas Hughes, se levantó: "Si las hacemos para Gales, ¿por qué no para todo el mundo?"

Como resultado de esta reunión, se estableció en 1804 la Sociedad Bíblica Británica y Extranjera, para enviar Biblias a todos los rincones del mundo.

## Las Sociedades Bíblicas

Al principio, la Sociedad Bíblica se limitaba a distribuir traducciones ya existentes de la Biblia. Pero pronto comenzó a patrocinar nuevas traducciones. Al cumplir su centenario, en 1904, la Sociedad Bíblica había distribuido casi 181 millones de copias de las Escrituras por todo el mundo. Su propósito ha sido siempre el de aumentar "el número de personas que poseen, usan, valoran y comparten la Biblia en una lengua que puedan comprender y a un precio que puedan costear".

## Sociedades Bíblicas por todo el mundo

Pronto comenzaron a surgir sociedades bíblicas por toda Europa y más allá: en Irlanda, Alemania, Escandinavia, Holanda, Rusia, Nueva Zelanda, Australia, Canadá y los Estados Unidos.

En el siglo diecinueve, la Sociedad Bíblica Americana hizo grandes esfuerzos para proveer de Biblias a los miles de inmigrantes que procedían en masa de Europa para comenzar una nueva vida en los Estados Unidos, para los colonos que abrían el oeste, y para algunas de las tribus nativas norteamericanas. En la actualidad existen unas 111 Sociedades que trabajan en 200 países.

## Las Sociedades Bíblicas Unidas

En 1946 se constituyeron las Sociedades Bíblicas Unidas, para coordinar la obra de las Sociedades Bíblicas nacionales y para dar ayuda y consejo sobre la traducción bíblica.

Durante muchos años del siglo

### DATOS SOBRE TRADUCCIÓN

- **Más de 7.000 lenguas registradas en el mundo**
- **554 tienen una Biblia completa**
- **1.333 tienen solo el Nuevo Testamento (y algunas porciones)**
- **1.045 solo tienen porciones de la Biblia (uno o más libros)**
- **Más de 4.068 no tienen ni un solo libro de la Biblia**

*(datos del año 2015)*

Distribución de Biblias en Zaire en la década de 1960. Las Sociedades Bíblicas distribuyen Biblias por todo el mundo.

**LAS PRIMERAS SOCIEDADES BÍBLICAS**

| | |
|---|---|
| **1804** | La Sociedad Bíblica Británica y Extranjera |
| **1805** | Glasgow |
| **1806** | Irlanda |
| **1807** | Canadá |
| **1813** | Rusia |
| **1814** | Dinamarca |
| **1814** | Holanda |
| **1816** | América |
| **1816** | Noruega |
| **1817** | Australia |
| **1826** | Escocia |

**Mary Jones.**

veinte, un gran grupo humano se vio imposibilitado de leer la Biblia por sí mismos: los que habitaban en países comunistas, como la URSS. Era ilegal poseer o siquiera leer una Biblia, y cualquiera que lo hiciera podía ser severamente castigado.

Pero tras la caída del "telón de acero" después de 1989 y con un gobierno mucho más abierto en varios de estos países, se hizo más fácil que la población pudiera obtener Biblias. En la actualidad existen Sociedades Bíblicas en países como Hungría, Polonia y Rusia, así como en países musulmanes como Egipto y el Líbano.

Hacia 1992 las Sociedades Bíblicas Unidas habían facilitado materiales para la impresión de 600.000 Biblias para niños, 100.000 Biblias y 50.000 Nuevos Testamentos en Moscú, y otras 100.000 en la nueva República de Moldavia.

**Cameron Townsend estaba vendiendo Biblias en Guatemala cuando sintió el llamamiento a fundar Traductores Bíblicos Wycliff.**

# Biblias para los pueblos olvidados

**William Cameron Townsend**

**"Si tu Dios es tan sabio, ¿por qué no ha aprendido nuestra lengua?"** William Cameron Townsend, un misionero americano que vendía Biblias en castellano a los indios chakchiquel en Guatemala en 1917, se sintió estremecido por esta pregunta. Sintiendo el reto, dejó de sentirse satisfecho con suministrar Biblias en lenguas bien conocidas, como el inglés, el francés y el castellano. Se dio cuenta de que solo un cuarenta por ciento de los indios a los que predicaba sabían algo de castellano. Ahora se propuso poner la Biblia a disposición de todas las gentes, por pequeña que fuera su tribu, por difícil que fuera su lenguaje.

## Mostrando la solicitud de Dios

Townsend comenzó de inmediato a aprender cakchiquel, para poder traducir el Nuevo Testamento y demostrar a aquel indio que le había preguntado que realmente Dios se cuidaba de ellos. Necesitó quince años.

Partiendo de su propia experiencia, en 1934 Cameron Townsend fundó una escuela especial para enseñar a jóvenes misioneros cómo vivir con una tribu, y cómo aprender y poner por escrito su lengua, traducir las Escrituras y enseñar a la gente a leerlas. A menudo, la lengua nunca había sido puesta por escrito, y los traductores tenían que inventar una manera de escribirla, y luego enseñar a la gente a leer antes que pudieran leer la Biblia. La escuela de Townsend se desarrolló hasta constituir la organización conocida actualmente como Traductores Bíblicos Wycliff.

En 1956, cinco misioneros de la misión Wycliff que visitaban la remota tribu de los waorani (entonces conocidos como "aucas", que significa salvajes) en Ecuador, fueron víctimas de una emboscada y asesinados por miembros de la tribu. Otros misioneros de Wycliff se dolieron por la pérdida, pero la obra prosiguió.

En la actualidad, la sociedad es una comunidad de más de 100 diversas organizaciones y redes sirviendo juntas en todo el mundo a través de los movimientos de traducción de la Biblia.

# Un lenguaje cambiante para un mundo cambiante

Durante trescientos años, los protestantes de habla inglesa leyeron la Versión Autorizada de la Biblia. Recientemente han salido muchas nuevas traducciones. ¿Por qué tenemos nuevas traducciones? Una razón es que el lenguaje cambia con el paso de los años.

En la actualidad, los traductores de la Sociedad Bíblica vuelven a traducir a menudo la Biblia en lenguas en las que las Escrituras ya están disponibles. Tienen el anhelo de asegurar que la traducción sea tan precisa como sea posible. Por esta razón, la traducción es llevada a cabo generalmente por nativos de la lengua, con el consejo de misioneros y de lingüistas expertos. Un nativo puede hacer el evangelio más vivo cuando lo traslada a su propia lengua, de modo que no suene como una traducción.

El lenguaje empleado en una traducción de la Biblia no debe sonar a anticuado ni debe ser difícil de comprender. Por esta razón, las nuevas traducciones de lenguas universales, como el inglés, el castellano, el francés y el chino se hacen frecuentemente al lenguaje "cotidiano". La Biblia debe ser tan lozana y llena de sentido para el lector actual como lo era para los primeros que la leyeron en griego hace dos mil años.

**La Biblia debe ser tan lozana para el lector actual como lo fue para sus lectores originales.**

## JUAN 3:16 POR TODO EL MUNDO

**Inglés—Good News Bible**
For God loved the world so much that he gave his only Son, so that everyone who believes in him may not die but have eternal life.

**Alemán moderno**
Gott liebte die Menschen so sehr, dass er seinen einzigen Sohn hergab. Nun wird jeder, der sich auf den Sohn Gottes verlässt, nicht zugrunde gehen, sondern ewig leben.

**Malayo**
Karena demikianlah Allah mengashi isi doienia ini sewhingga dikaroeniakannja Anaknja jang toenggal itoe, soepaja barang siapa jang partjaja akan Dia djangan binasa, melainkan beroléh hidoep jang kekal.

**Francés moderno**
Car Dieu a tellement aimé le monde qu'il a donné son Fils unique, afin que tout homme qui croit en lui ne meure pas mais qu'il ait la vie éternelle.

**Castellano moderno**
Pues Dios amó tanto al mundo, que dio a su Hijo único, para que todo aquel que cree en él, no perezca, sino que tenga vida eterna.

**Tahitiano**
I aroha mai te Atua I to te ao, e ua tae roa I te horoa mai I ta 'na Tamaiti fanau tahi, ia ore ia pohe te faaroo ia 'na ra, roiaa ra te ora mure ore.

**Setswana**
Gonne Modimo o ratile lehatshe yalo, oa ba oa naea Morwa òna eo o tsecweñ a le esi, gore moñwe le moñwe eo o dumèlañ mo go èna a se ka a hèla, me a nè le botshelò yo bo sa khurleñ.

**Aimará**
Cunalaycutejja Diosaji uqhama acapacharu muni, jupa sapa jathata Yokaparu churi, take qhití juparu iyausisqui ucajja, jan chhakhtasiñapataqui, ucatsipana wiñaya jacañaniñapataqui.

### REGLAS PARA TRADUCTORES

Cuando se traduzca la Biblia a otro lenguaje

- No añadir nada
- No dejar nada fuera
- No alterar el sentido
- Encontrar palabras que comuniquen a los nuevos lectores el propósito y sentimiento del original

## TECNOLOGÍAS MODERNAS

Antes de la introducción de la tecnología de la computación se podía tardar treinta años desde el comienzo hasta el final para la traducción, revisión e impresión de una nueva versión de la Biblia. En la actualidad, los traductores tienen computadoras portátiles, de modo que su trabajo no tiene que volver a ser mecanografiado. Esto, junto con programas informáticos de maquetación, correctores ortográficos, formateado por computadora y avanzadas técnicas de impresión, significa que la tarea se puede llevar a cabo en diez años o menos y con costes mucho menores.

La nueva tecnología significa también que la Biblia está ahora disponible en formas nunca antes soñadas. Por ejemplo, ahora se puede ver la Biblia infantil en vídeo, escuchar el Nuevo Testamento completo grabado en cintas de audio, y hay versiones de la Biblia en discos compactos, con programas especiales de búsqueda para estudiar las partes seleccionadas.

La Biblia ha estado disponible ya por mucho tiempo para ciegos: la primera Biblia con un sistema de relieve (semejante al moderno Braille) fue publicada en 1838. Durante este siglo, la Sociedad Bíblica ha publicado Biblias y Nuevos Testamentos en Braille en más de 30 idiomas. Pero las nuevas tecnologías también han logrado nuevos avances aquí: la Biblia puede ahora ser "leída" por una computadora con un sintetizador de lenguaje, o por una que imprime de inmediato en Braille la sección necesaria para ser leída por la persona aquejada de ceguera.

**Escenas en una moderna imprenta para Biblias.**

# ¿Qué hay en la Biblia?

## Un sumario de los libros de la Biblia

### ANTIGUO TESTAMENTO

**GÉNESIS**
El libro de los orígenes, que describe la creación, la rebelión y el pecado del hombre, y la primitiva historia del pueblo de Dios, a través de quienes introduce su plan de redención.

**ÉXODO**
La historia de la salida de Israel de Egipto bajo la guía de Moisés; el pacto de Dios con Israel y la promulgación de la ley; la construcción del tabernáculo.

**LEVÍTICO**
Las leyes mediante las cuales el pueblo de Dios puede acercarse y mantener la comunión con su santo Dios.

**NÚMEROS**
El censo del pueblo y sus peregrinaciones por el desierto, durante las cuales Dios los va preparando para la Tierra Prometida.

**DEUTERONOMIO**
Moisés destaca el pacto y la ley ante el pueblo antes de su muerte.

**JOSUÉ**
La historia de la conquista de Canaán y la división de la tierra entre las tribus.

**JUECES**
El curso de la historia de los israelitas, y su aprendizaje de que su apartamiento de Dios los lleva a ser oprimidos por sus enemigos, lo que lleva al arrepentimiento y a la liberación mediante un juez.

**RUT**
Una historia de tragedia y de amor en las vidas de personas ordinarias que llegan a ser antecesores de David y de Jesús.

**1 SAMUEL**
La historia de Israel desde el gobierno de Samuel, el último juez, hasta el reinado de Saúl.

**2 SAMUEL**
El registro del reinado de David.

**1 y 2 REYES**
Los últimos días del reinado de David, hasta el reinado de Salomón y la división del reino. Los reyes de ambos reinos se presentan en orden histórico hasta la liberación de Joaquín de su encarcelamiento en Babilonia, alrededor del 561 a.C.

**1 y 2 CRÓNICAS**
Las historias oficiales de los reinos de Judá e Israel, incluyendo las genealogías y la historia desde los reinos de David y Salomón hasta la cautividad.

**ESDRAS**
La historia del regreso de los judíos desde la cautividad en Babilonia, y la reconstrucción del templo.

**NEHEMÍAS**
Un relato suplementario de la reconstrucción del templo y de Jerusalén, y la renovación del pacto.

**ESTER**
La historia de una mujer judía que llega a ser reina de Persia y salva al pueblo judío de la destrucción.

**JOB**
La historia de los sufrimientos y la fe de un hombre que aprende a aceptar la voluntad a veces desconcertante de Dios.

**SALMOS**
Poemas, oraciones y alabanzas que escribieron David y otros, expresando a Dios la emoción de la experiencia personal.

**PROVERBIOS**
Los sabios y prácticos dichos de Salomón.

**ECLESIASTÉS**
Un libro que revela cómo la búsqueda de felicidad y satisfacción en las cosas terrenales aparte de Dios siempre acaba en un vacío.

**CANTAR DE LOS CANTARES**
Un cántico de amor que presenta el cortejo y matrimonio de hombre y mujer, y que ilustra la relación entre Dios y su pueblo, y entre Cristo y su iglesia.

**ISAÍAS**
Profecías tocantes a Judá y Jerusalén, unos vívidos mensajes de redención para el pueblo de Dios, y la esperanza del Mesías.

**JEREMÍAS**
Profecías anunciando la caída de Judá, los sufrimientos del pueblo, y la final destrucción de sus enemigos.

**LAMENTACIONES**
Un lamento que expresa el dolor por la caída de Jerusalén y la destrucción del templo.

**EZEQUIEL**
Pronunciamientos del juicio de Dios sobre los judíos, y mensajes de consolación en medio de la cautividad de ellos.

**DANIEL**
Una historia de algunos de los acontecimientos de la cautividad, y profecías de Cristo y de los tiempos del fin.

**OSEAS**
El dolor personal de Oseas acerca de su infiel esposa ilustra la relación de Dios con Israel.

**JOEL**
Profecías del juicio de Dios sobre Judá y de las bendiciones que seguirán al arrepentimiento.

**AMÓS**
Predicciones de juicio contra Israel debido a la idolatría y a la opresión sobre los pobres, y contra las naciones circundantes, y atisbos del reino del Mesías.

**ABDÍAS**
Profecías de la destrucción de Edom y de la liberación de que Sion será objeto.

**JONÁS**
La historia del profeta Jonás y del interés de Dios y de su misericordia por las naciones dispuestas a arrepentirse.

**MIQUEAS**
La declaración de juicio sobre Israel y Judá; la predicción de la restauración y del reinado del Mesías.

**NAHUM**
Predicción de la caída de Asiria.

**HABACUC**
Predicción de la invasión de los caldeos, de la destrucción de éstos, y de la restauración del pueblo de Dios.

**SOFONÍAS**
Predicción de la destrucción de Judá debido a la idolatría, de la soberbia y del materialismo; y una prefiguración de la definitiva liberación y restauración del pueblo de Dios.

**HAGEO**
Profecías y exhortaciones acerca de la reconstrucción del templo.

**ZACARÍAS**
Profecías acerca de la reconstrucción del templo, de la venida del Mesías y del triunfo del reino de Dios.

**MALAQUÍAS**
Declaraciones de juicio por los pecados de Israel y predicciones de bendiciones para los arrepentidos, y de la venida de Cristo.

## NUEVO TESTAMENTO

**MATEO**
Una historia de la vida de Cristo, destacando a Jesús como el cumplimiento del pacto de Dios con Israel y la importancia de las enseñanzas de Jesús.

**MARCOS**
Una historia de la vida de Cristo, con un especial énfasis en la última semana en Jerusalén, la crucifixión y la resurrección.

**LUCAS**
La historia de la vida de Cristo, destacando su persona y aquellas cuyas vidas Él afectó.

**JUAN**
La vida de Cristo, escrita para revelar que Jesús es el Cristo, el Hijo de Dios.

**HECHOS**
El don del Espíritu Santo, y el desarrollo y la expansión del cristianismo por el poder del Espíritu, narrado en términos de personas y lugares.

**ROMANOS**
La explicación que da Pablo de la doctrina de la justificación mediante la fe en Cristo.

**1 CORINTIOS**
Carta de Pablo a la iglesia de Corinto, corrigiendo los errores de ellos, reprendiendo sus pecados y exhortándolos a practicar el amor de Cristo.

**2 CORINTIOS**
Carta de Pablo manifestando su preocupación por los corintios y conduciéndolos a vidas de amor y de unidad.

**GÁLATAS**
Proclamación de parte de Pablo de la libertad cristiana, manteniendo con firmeza que la justificación del hombre es por la gracia de Dios mediante solo la fe, no por las obras de la ley.

**EFESIOS**
Tratado de Pablo acerca de la persona de Cristo y de la iglesia, la casa de Dios, por la cual se revelan la sabiduría y la gracia de Dios.

**FILIPENSES**
La carta de amor de Pablo, en la que revela el gozo y la hermosura de la vida cristiana.

**COLOSENSES**
Pablo combate errores y herejías proclamando la singularidad y suficiencia de Jesucristo como el único Salvador de todos.

**1 TESALONICENSES**
La preocupación de Pablo por los demás y una exhortación a la fe, a la pureza y a la santidad, en expectante espera del regreso del Señor.

**2 TESALONICENSES**
Carta de Pablo acerca de la segunda venida de Cristo.

**1 y 2 TIMOTEO**
Cartas de Pablo acerca de la iglesia, y de los requisitos y deberes de los guías de la iglesia.

**TITO**
Carta de Pablo a Tito, en la que destaca el orden eclesial y la sana doctrina.

**FILEMÓN**
La carta más personal de Pablo, pidiendo a su amigo que reciba a un esclavo fugitivo como a un hermano en Cristo.

**HEBREOS**
Una defensa de la fe cristiana, destacando la suficiencia y finalidad de Cristo, y la superioridad de la fe cristiana sobre el judaísmo.

**SANTIAGO**
Carta que trata de los aspectos prácticos de la fe cristiana, y en la que se destaca que la fe debe ser manifestada como algo vivo y activo por las obras que produce.

**1 PEDRO**
Carta de exhortación a una vida de pureza y espiritualidad, como escogidos de Dios y sacerdocio regio.

**2 PEDRO**
Recordatorio de la verdad de Cristo contra las herejías, y advertencias a permanecer en esta verdad, esperando la segunda venida de Cristo.

**1 JUAN**
Los fundamentos de la fe cristiana revelados en Jesucristo.

**2 JUAN**
La primordial importancia del amor en la comunión cristiana, y advertencias contra falsos maestros.

**3 JUAN**
Carta acerca de la hospitalidad para con los maestros cristianos itinerantes.

**JUDAS**
Enérgica condena de los falsos maestros, y amonestaciones a permanecer en la verdadera fe de Cristo.

**APOCALIPSIS**
Revelación en la que se destaca el señorío de Cristo, la soberanía suprema de Dios, y su definitiva victoria sobre todo pecado y maldad.

## Algunos pasajes bíblicos clave

- **La historia de la creación**
  *Génesis 1:1-27*
- **La caída del hombre**
  *Génesis 3:6-24*
- **El diluvio**
  *Génesis 6:1–9:17*
- **El llamamiento de Abraham**
  *Génesis 12:1-9*
- **Los Diez Mandamientos**
  *Éxodo 20:1-17*
- **El salmo del pastor**
  *Salmo 23*
- **El nacimiento de Cristo**
  *Mateo 1:18–2:23; Lucas 1:26–2:40*
- **La regla de oro**
  *Lucas 6:31*
- **El Sermón del Monte**
  *Mateo 5–7*
- **Las Bienaventuranzas**
  *Mateo 5:3-11*
- **La oración del Señor**
  *Lucas 11:2-4*
- **El buen samaritano**
  *Lucas 10:29-37*
- **El hijo pródigo**
  *Lucas 15:11-32*
- **La última cena**
  *Mateo 26:20-25*
  *Marcos 14:12-26*
- **La muerte de Cristo**
  *Lucas 23:26-56*
- **La resurrección de Cristo**
  *Mateo 28; Lucas 24; Juan 20*
- **La ascensión**
  *Hechos 1:1-12*
- **La venida del Espíritu Santo**
  *Hechos 2:1-21*
- **La conversión de Pablo**
  *Hechos 9:1-31*
- **El capítulo del amor**
  *1 Corintios 13*
- **El capítulo de la fe**
  *Hebreos 11*

## Unos fascinantes datos acerca de la Biblia

- La Biblia tiene 66 libros, 39 en el Antiguo Testamento y 27 en el Nuevo Testamento.
- Está compuesta de los escritos de más de 30 autores diferentes.
- Fue escrita durante un período de tiempo de aproximadamente 1.500 años.
- Dice la verdad acerca de Dios y de su mundo.
- La Biblia fue escrita en 3 idiomas en 3 continentes.
- Quienes la escribieron fueron desde pescadores hasta reyes.

# Dios en el Antiguo Testamento

## ¿Quién es Él?

El Antiguo Testamento no trata principalmente de la nación de Israel, grandes líderes, fe o fracaso. Más bien provee una revelación vívida y clara de Dios, una presentación que es completada en el Nuevo Testamento. Gracias a las declaraciones teológicas sobre Dios, así como a las descripciones narrativas de su actividad, los lectores del Antiguo Testamento pueden aprender sobre el carácter del Dios de dioses.

### Sus atributos y carácter

- ***Santo.*** La idea básica de la santidad es "separación". Dado que Dios está totalmente separado de todo lo pecaminoso, es moralmente puro. Él también es distinto de todo lo que es común, y esto lo hace absolutamente único e incomparable. El Antiguo Testamento afirma con frecuencia que no hay Dios aparte de Él (Dt. 4:35, 39). Debido a que Él es santo, su pueblo también debe ser santo (Lv. 19:2).
- ***Eterno.*** El salmista escribió: "Antes que los montes fueran engendrados, y nacieran la tierra y el mundo, desde la eternidad y hasta la eternidad, Tú eres Dios" (Sal. 90:2). Dios es ilimitado en relación con el tiempo.
- ***Omnipresente.*** Cuando estaba dedicando el templo, el lugar de la residencia del Señor sobre la tierra, Salomón declaró: "Si los cielos y los cielos de los cielos no Te pueden contener, cuánto menos esta casa que yo he edificado" (1 R. 8:27). Nadie puede huir de la presencia de Dios (Sal. 139:7-12).
- ***Omnipotente.*** Dios puede hacer todo lo que esté conforme a su carácter perfecto. El profeta Jeremías escribió: "¡Ah, Señor Dios! Ciertamente, Tú hiciste los cielos y la tierra con Tu gran poder y con Tu brazo extendido. Nada es imposible para Ti" (Jer. 32:17). Como el Dios omnipotente, Él ejercita una *soberanía* absoluta sobre toda la creación. Su voluntad es decisiva siempre y en todo lugar (Dn. 4:25).
- ***Omnisciente.*** Dios conoce todas las cosas reales y posibles, pasadas, presentes y futuras, en un acto eterno. No solo es consciente de lo que está sucediendo en su creación, sino que es presentado en el Antiguo Testamento como el Dios que predice y hace que se cumplan los eventos. Según el salmista: "Aun antes de que haya palabra en mi boca, oh SEÑOR, Tú *ya* la sabes toda" (Sal. 139:4; cf. 147:4).
- ***Misericordioso.*** Al ser un Dios de gracia, Él da lo que es absolutamente inmerecido a aquellos que no merecen otra cosa que mal (Jon. 4:2).
- ***Fiel/Leal.*** La palabra hebrea *jesed* nos provee una descripción rica y vibrante de Dios. Aunque se traduce de diferentes maneras (misericordia, bondad, amor constante, clemencia, fidelidad, etc.), resalta una verdad central. En el Antiguo Testamento, Dios es absolutamente confiable y permanece fiel a todo lo que ha prometido. El salmista clama con confianza: "Sálvame por Tu misericordia" (Sal. 6:4).
- ***Amoroso.*** Aunque este término incluye un aspecto emocional, a lo largo del Antiguo Testamento, cuando ocurre en el contexto de la relación entre lo divino y lo humano, parece indicar una elección que se manifiesta en una conducta concreta. Para Dios, amar es elegir (Mal. 1:2-3) y ese amor se demuestra en una provisión tangible de bendiciones abundantes (Dt. 5:10).
- ***Recto y justo.*** La justicia puede referirse a lo que uno es, lo que hace o lo que declara ser a otros. Cuando se refiere al comportamiento (sea humano o divino) claramente implica la conducta que está de acuerdo con ciertas normas (Sal. 119:137). Justicia

**Entonces será revelada la gloria del SEÑOR, y toda carne (toda persona) a una la verá.**
**Isaías 40:5**

## Algunos de los títulos o nombres para Dios en el Antiguo Testamento

**Anciano de Días**
(Dn. 7:9)

**Creador**
(Is. 40:28)

**Dios eterno**
(Gn. 21:33; Is. 40:28)

**Padre**
(Sal. 103:13; Jer. 3:19; 31:9)

**Temor**
(Gn. 31:42, 53)

**Dios Todopoderoso**
(Gn. 17:1; Sal. 91:1-2)

**Dios que ve**
(Gn. 16:13)

**Dios de toda la humanidad**
(Jer. 32:27 NVI)

**Dios del cielo**
(Neh. 2:4)

**Dios de Israel**
(Gn. 33:20; Sal. 68:8; 106:48)

**Santo**
(Job 6:10)

**Santo de Israel**
(Is. 1:4; 5:19)

**Rey**
(Jer. 10:7)

**Dios vivo**
(Dt. 5:26)

**El Señor/*Adonai***
(Sal. 2:4; 8:1; Is. 40:3, 5; Hab. 3:19)

**El Señor/*Yahveh***
(Éx. 3:14; 33:19)

**El Señor proveerá**
(Gn. 22:13-14)

**El Señor es mi estandarte**
(Éx. 17:15)

**El Señor que sana**
(Éx. 15:26)

**El Señor es paz**
(Jue. 6:24)

**El Señor es mi pastor**
(Sal. 23:1)

**El Señor, justicia nuestra**
(Jer. 23:6)

**El Señor de los ejércitos**
(1 S. 1:11; 17:45)

**El Señor está allí**
(Ez. 48:35)

**El Señor Altísimo**
(Sal. 97:9)

**El Señor que los santifico**
(Éx. 31:13)

**El Poderoso**
(Gn. 49:24; Sal. 132:5; Is. 49:26)

**Dios Altísimo**
(Gn. 14:19; Sal. 9:2)

**La Roca**
(Dt. 32:4, 15, 18, 30-31)

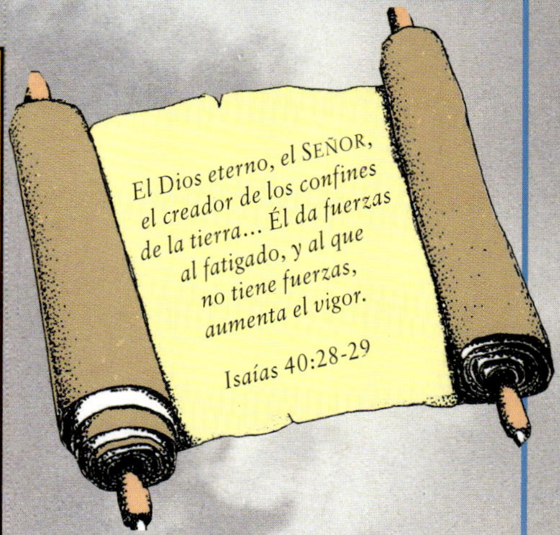


no es meramente un término legal, sino que significa conducta que está caracterizada por equidad o justicia (Dt. 10:18).

▪ ***Celoso.*** Como Aquel que ha entrado en la íntima relación del pacto con la nación de Israel, Dios rehúsa compartir el amor y la adoración de su nación del pacto con otros dioses (Dt. 5:59). En otras naciones de aquella región, los dioses no expresan envidia o celos en relación con un adorador. En claro contraste con esa realidad, el Señor no tolera rivales. Él demanda la adoración exclusiva de su pueblo elegido (Dt. 6:4).

### Su función

▪ **Creador.** Además del hecho de que Él creó todo el universo, numerosos pasajes se refieren a Dios como el creador del universo (Gn. 1:1—2:3; Sal. 104:7-9), así como el creador de la nación de Israel (Is. 43:1). Al ser el creador, Él puede ejercer soberanía sobre su creación (Is. 40:26, 28; 41:20; entre otros).

▪ **Redentor.** Como Aquel que redimió a su nación del pacto, liberándola de la esclavitud de Egipto (Dt. 5:6, 16; 6:12, 21-23; 7:8), Dios plasmó en las páginas de la historia humana un claro retrato de la redención del pecado (algo que se desarrolla más en el Nuevo Testamento). Al redimir a su pueblo elegido, Él demuestra su absoluta soberanía sobre todas las naciones y promueve su intención de hacer de Israel una nación que servirá de canal para su obra continua de redención del mundo (Is. 45:22-23).

▪ **Guerrero.** Además de ser el libertador de Israel, el Señor es Aquel que lucha por su pueblo del pacto (Éx. 15:3), ya sea contra los cananeos (Dt. 9:1-3) o cualquier ejército enemigo (Jue. 5:19-20), garantizándoles la victoria contra todo pronóstico.

▪ **Fiscal y juez.** Aunque el Señor eligió a Israel como su nación del pacto, si ellos eligen rebelarse contra Él tendrán que rendir cuentas ante Él en su rol de fiscal y juez (Dt. 1:17). Dios castigará firmemente su rebelión (Dt. 6:15; 7.4) y los expulsará de la tierra prometida (Dt. 4:27; 28:20-68).

▪ **Rey.** Aunque Dios incluye a los reyes humanos como parte de su plan para la nación de Israel (Gn. 17; Dt. 17), Él es el "rey" del mundo, las naciones e Israel. En especial, los salmos representan al Señor como el Rey universal que mantiene el orden y la justicia en el mundo, y ante quien sus súbditos deben responder con confianza y alabanza. Como escribió el salmista: "El Señor ha establecido Su trono en los cielos, y Su reino domina sobre todo" (Sal. 103:19).

# Tierras de la Biblia

**Palestina —en la encrucijada del mundo antiguo, por la que se luchó innumerables veces a lo largo de los siglos— se encuentra en el extremo occidental del Creciente Fértil. Este gran arco de tierras bajas, bien irrigadas y cultivables, se extiende desde el Golfo Pérsico hasta el Delta del Nilo. Mesopotamia, "la tierra entre los ríos", constituye una gran parte del Creciente, y fue una de las cunas de la civilización.**

El valle del Éufrates, cerca de la ciudad de Harán que se menciona en la Biblia

# Antiguo Testamento

## TABLA CRONOLÓGICA

**Abraham**
Abraham salió de Mesopotamia en su gran viaje a la Tierra Prometida. Dios le prometió que por medio de él serían benditas todas las familias de la tierra (Génesis 12–25). En su ancianidad le fue dado un hijo, Isaac (Génesis 25–35).

**Jacob**
Jacob, hijo de Isaac, se vio obligado por el hambre a descender a Egipto; su pueblo se instaló allí, y, años después, se vieron reducidos a la esclavitud (Génesis 37–50).

**Moisés**
Moisés condujo al pueblo hebreo, los descendientes de Abraham, fuera de Egipto (Éxodo 1–12). En el desierto recibieron los Diez Mandamientos. Finalmente, tras la muerte de Moisés, los israelitas entraron en la Tierra Prometida y la ocuparon (Josué 1–12).

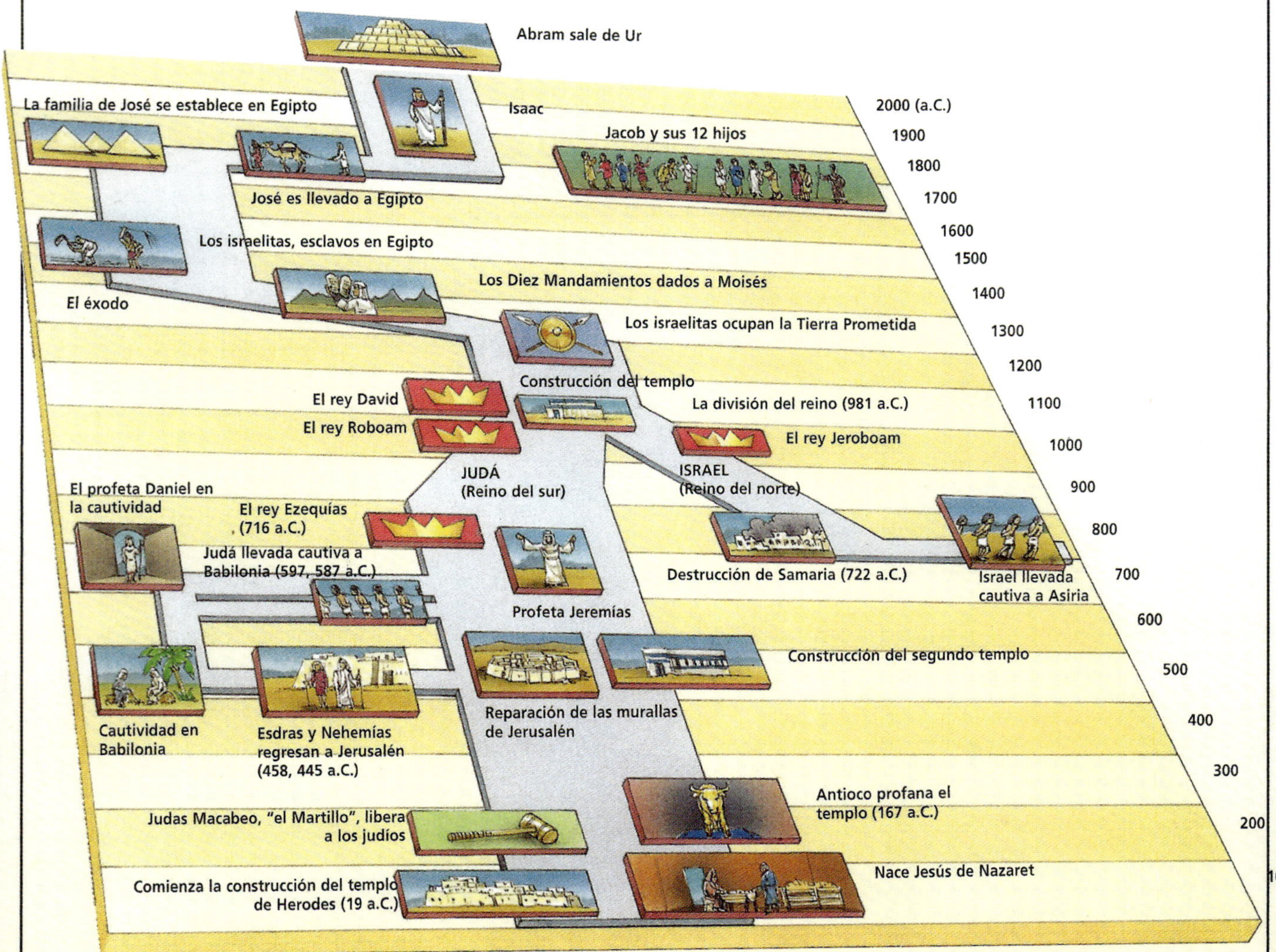


**Jueces y reyes**
Con el desarrollo de la nación de Israel, ésta fue primero gobernada por jueces (Jueces 3–16; 1 Samuel 1–8) y luego por una sucesión de reyes (1 Samuel 9–31; 2 Samuel; 1 Reyes 1–11). Después de la muerte de Salomón, el reino se dividió entre Israel y Judá (1 Reyes 12–22; 2 Reyes 1–25).

**La cautividad**
Cuando el Imperio Asirio tomó el poder, Israel se vio amenazada con una invasión. A pesar de las advertencias de Dios a su pueblo por medio de los profetas, el reino del norte (Israel) fue llevado a la cautividad por Asiria en el 722 a.C., y el reino del sur (Judá) por Babilonia en el 587 a.C. (2 Reyes 17, 25).

**El regreso**
Los judíos volvieron de la cautividad en Babilonia solo en etapas, para iniciar la recuperación de sus tierras y reconstruir Jerusalén y el templo (Esdras 1–6; Nehemías 1–7). Muchos de los judíos no hicieron este viaje de vuelta a Palestina.

# Los padres de la nación

## Abraham

Dios quería crear un pueblo que tuviera una relación especial con Él, de modo que todas las otras naciones pudieran ver cómo su confianza en Dios les daba plenitud.

Dios llamó a Abraham, prometiéndole que sus descendientes llegarían a ser una gran nación. Por medio de ellos, todas las gentes verían los propósitos y el amor de Dios. Abraham partió de Ur, junto al río Éufrates, y finalmente llegó a Canaán (Génesis 12:1-9), la Tierra Prometida, y a Egipto (Génesis 12:10-20). Llevó consigo a su esposa Sara y a su sobrino, Lot. La esposa de Abraham es un buen ejemplo de fe.

***Arriba:* Abraham tenía muchas ovejas y manadas de ganado.**

## Isaac

Abraham tuvo un hijo, Ismael, con su esclava Agar. Pero en la ancianidad, Sara, esposa de Abraham, dio a luz al muy esperado hijo, Isaac, lo que abrió la puerta al cumplimiento de la promesa de Dios de hacer una gran nación de los descendientes de Abraham (Génesis 18:1-15; 21:1-7).

## Jacob

Isaac se casó con Rebeca, y tuvo unos hijos mellizos, Esaú y Jacob. Jacob, el menor de los dos, consiguió la herencia engañando a su padre (Génesis 27:1-40). Escapó de la venganza de su hermano huyendo a Mesopotamia, donde se casó con las hijas de su tío Labán, Lea y Raquel (Génesis 27, 29:15-30).

Jacob tuvo doce hijos; José, su favorito, fue vendido como esclavo por sus celosos hermanos. Después de haber sido injustamente encarcelado en Egipto, José fue elevado al puesto de primer ministro de Faraón, y trajo a Egipto al resto de la familia cuando sobrevino la hambruna (Génesis 37, 39-47).

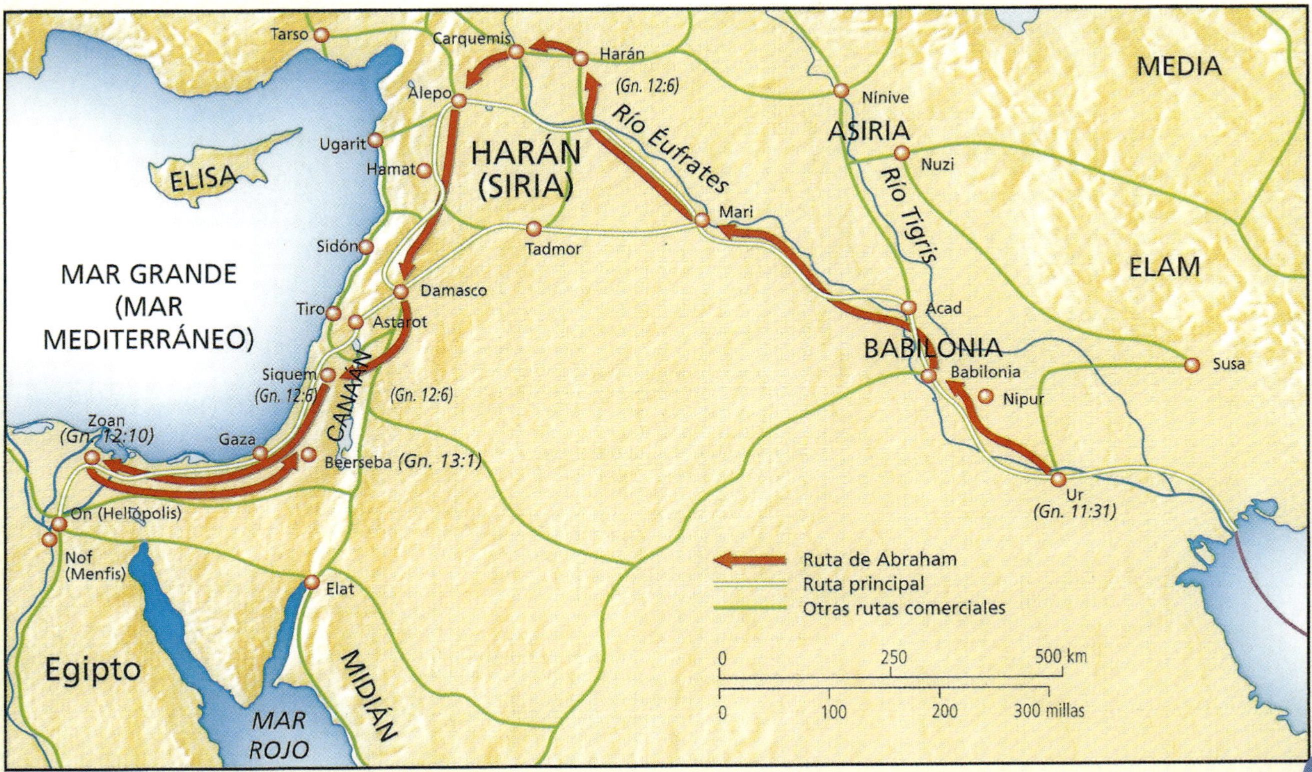

# Libertad

## Moisés y el Éxodo

**El éxodo**

Los israelitas, o hebreos, se quedaron en Egipto durante cuatro generaciones. Llegó el momento en que ya no estaban bien acogidos como visitantes, y fueron reducidos a esclavitud (Éxodo 1).

No comprendieron el propósito de Dios para ellos, y no cumplieron su misión. Por esto, Dios envió a Moisés a liberar a su pueblo, revelándose a Moisés como el YO SOY (Éxodo 3:14). Fue solo después que Egipto sufrió una serie de terribles calamidades que los hebreos pudieron abandonar el país (Éxodo 1–12).

**Los Diez Mandamientos**

Dios empezó ahora a enseñar a su pueblo cómo quería que fuesen su pueblo especial. El mensaje del Éxodo no solo tiene que ver con la libertad de la opresión, sino también acerca de la provisión de Dios para las necesidades de su pueblo mientras los conducía a través del desierto (Éxodo 16, 17).

En el Monte Sinaí Dios renovó el pacto que había hecho con Abraham, vinculándose con todos los israelitas. Los hebreos recibieron asimismo un código especial por el cual debían regirse, un código que incluía los Diez Mandamientos y muchas otras reglas e instrucciones (Éxodo 19–24). Dios mostró a su pueblo que debían adorarlo a Él solo, y vivir de una manera que le agradase.

**Errantes por el desierto**

Los israelitas pasaron 40 años en el desierto, hasta la muerte de Moisés. Mientras peregrinaban por el desierto, los israelitas enviaron espías a Canaán. La mayoría de los espías volvieron con noticias descorazonadoras, aunque la tierra era rica y fértil (Números 13).

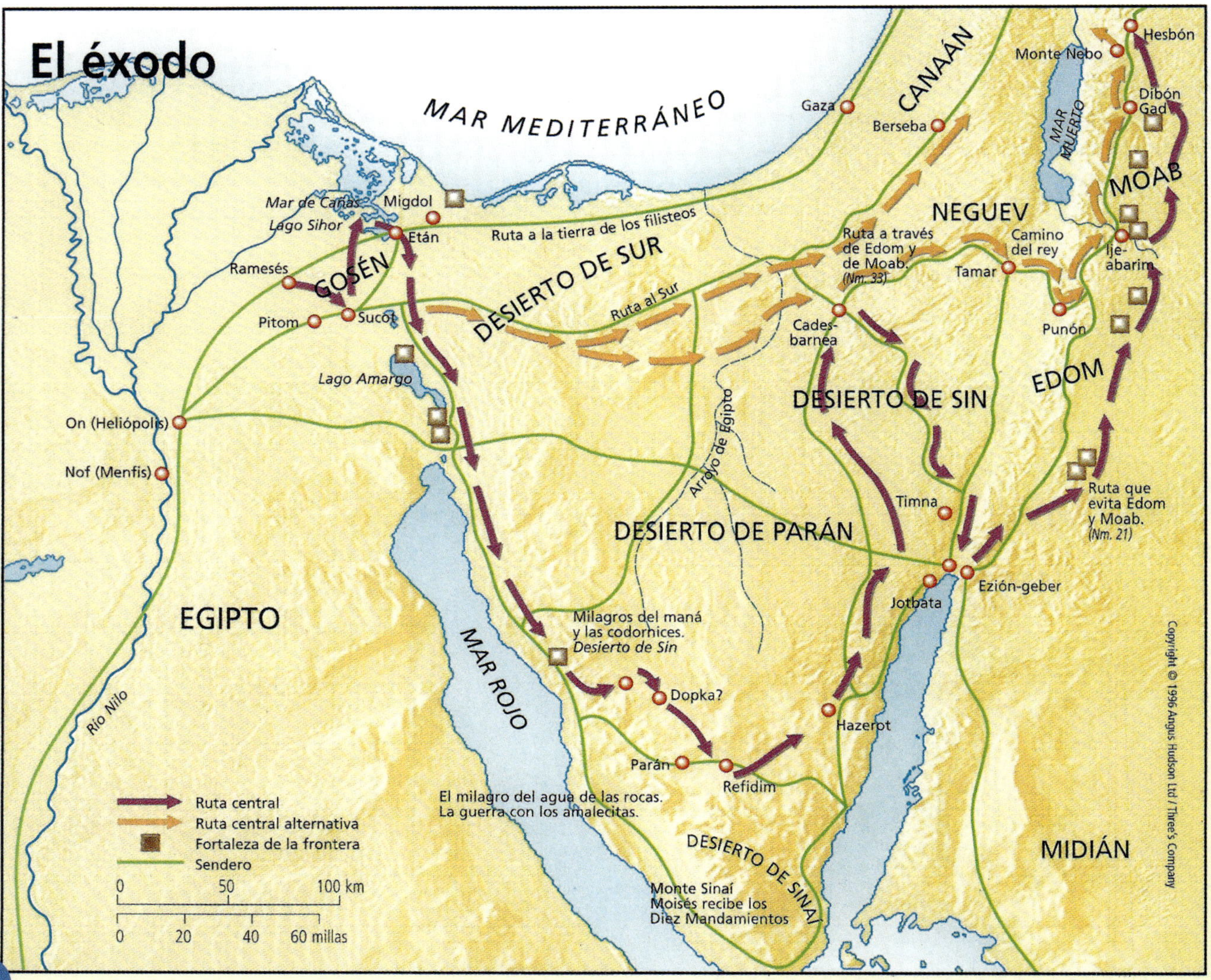

# La Tierra Prometida

No fue hasta que Moisés murió y que Josué tomó el mando, que los israelitas entraron por fin en la Tierra Prometida. Según el libro de Josué, ahora debían conquistar la tierra y repartirla entre las diferentes tribus.

El libro de Josué registra tres campañas; un ataque central por Jericó, una campaña meridional y una campaña septentrional (Josué 5–8, 10–11).

Aunque los israelitas consiguieron muchas victorias, los filisteos seguían controlando las ciudades costeras, y los cananeos muchas poblaciones interiores. Después de haber entrado en la Tierra Prometida, los israelitas tuvieron que hacer frente a la disyuntiva de servir a Dios o a los dioses cananeos.

Los israelitas establecieron seis ciudades de refugio que servían como lugares de asilo para las personas que habían cometido algún homicidio sin premeditación (Números 35:6-25).

**Manantial y lugar alto en Dan, Israel norteño.**

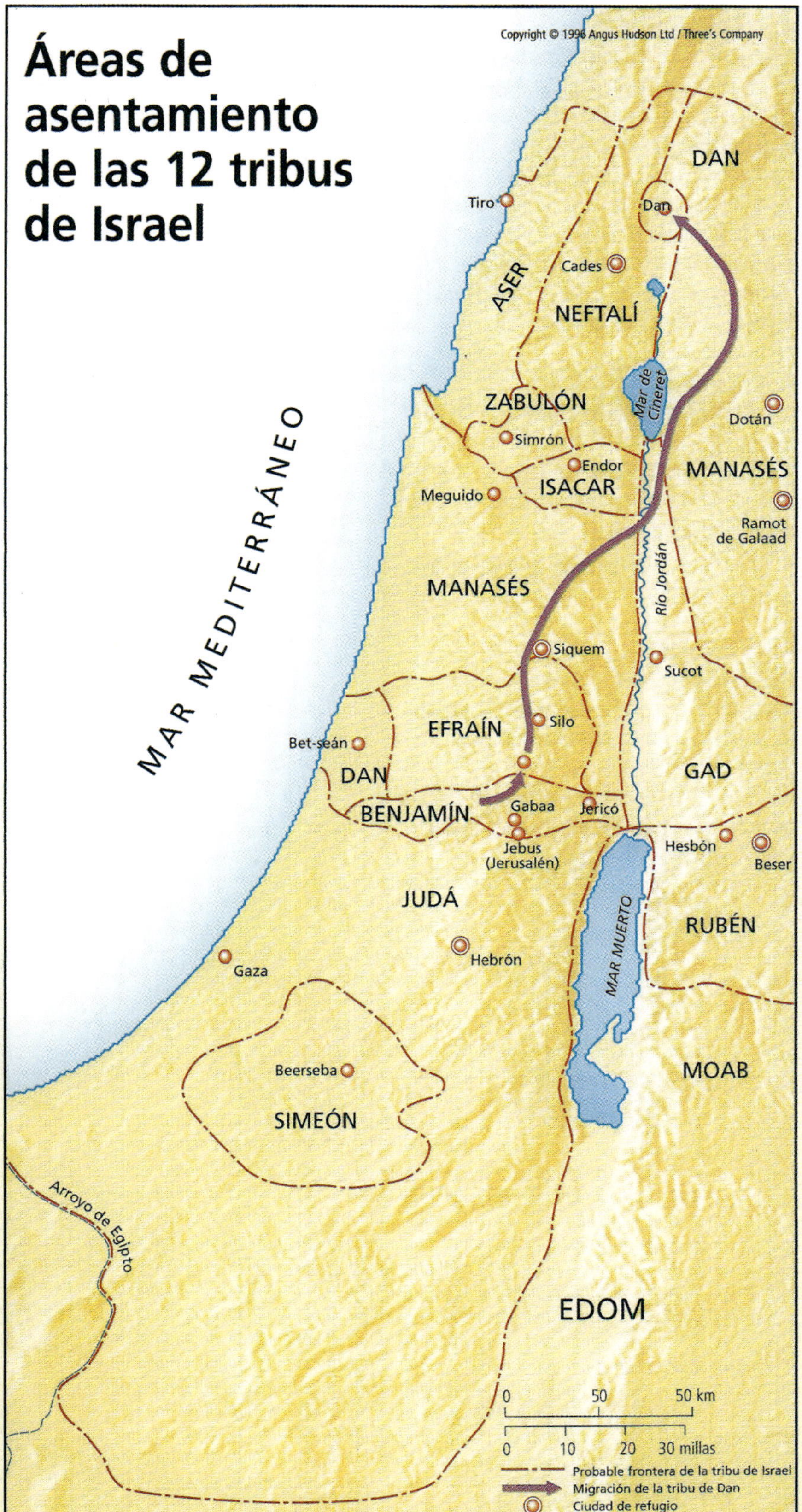

# Los ungidos

## Saúl, David y Salomón

**El rey Saúl**
Aunque Dios había dado a su pueblo una tierra propia, volvieron la espalda a Dios e intentaron actuar como las naciones alrededor. Los israelitas creían que si en lugar de aceptar el gobierno de Dios, tenían un rey al que pudieran ver, podrían vencer a sus enemigos. El rey Saúl fue ungido por Samuel para que fuese el primer rey de Israel. Pero desobedeció expresamente a Dios y murió en la batalla de Gilboa (1 Samuel 9–31).

**El rey David**
Samuel ungió también a David, el menor de los hijos de Isaí. Dios prometió que un descendiente de David sería un rey que reinaría eternamente. David cometió muchas faltas, pero siempre amó a Dios y volvió a Él (1 Samuel 16–30; 2 Samuel 1–24).

**El rey Salomón**
Bajo el hijo de David, Salomón, el reino prosperó. Salomón fue renombrado por su sabiduría, y durante su reinado el gran templo fue finalmente edificado en Jerusalén. Pero Salomón también se apartó de Dios, y edificó templos a dioses extraños (1 Reyes 1–11).

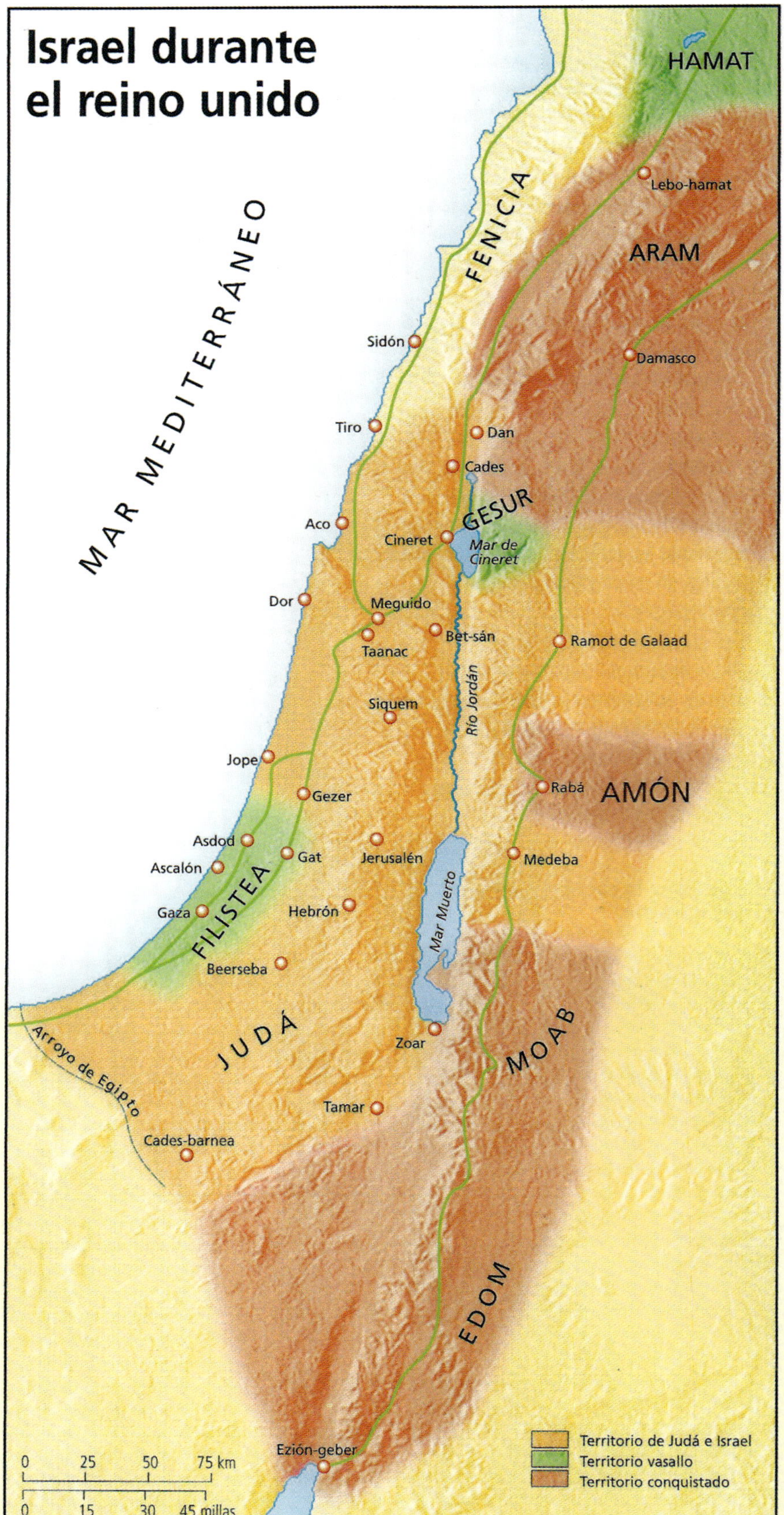


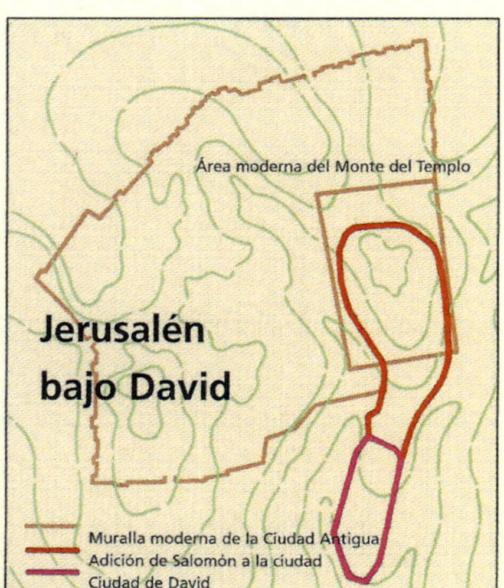

# El reino dividido

**Israel**
Después de la muerte de Salomón, las diez tribus del norte se rebelaron y establecieron un reino separado de Israel, gobernado por Jeroboam, que estableció su capital en Siquem y centros de culto en Dan y Bet-el (1 Reyes 12). Omri, un rey de Israel en el siglo noveno, fundó una nueva capital llamada Samaria (1 Reyes 16:24). Omri fue sucedido por reyes como Acab y Jehú (1 Reyes 15:25–22:40; 22:51-53; 2 Reyes 1-8:15; 9:1–13:25; 14:23-29; 15:8-31; 17).

**Judá**
Los sucesores de David siguieron rigiendo el reino meridional de Judá desde la capital, Jerusalén (1 Reyes 14:21-31, 15:1-24; 22:41-50; 2 Reyes 8:16-29; 11:1-12:21; 14:1-22; 15:1-7; 15:32–16:20; 18-25). Esta división prosiguió hasta la cautividad.

Guerrero babilónico.

Arquero israelita.

# Jueces, reyes y profetas

## Las doce tribus de Israel

| | |
|---|---|
| Rubén | Gad |
| Judá | José |
| Dan | Leví |
| Neftalí | Isacar |
| Simeón | Aser |
| Zabulón | Benjamín |

Sitio de adoración en Dan.

## ¿Quiénes fueron los jueces de Israel y sus adversarios?

| Juez / *Opresor* | Acciones | Años que juzgó / *Años de opresión* | Referencia bíblica |
|---|---|---|---|
| *Cusán Risataim, rey de Mesopotamia* | | *8* | *Jueces 3:8* |
| Otoniel | Libera a Israel de los opresores mesopotámicos | 40 | *3:7-11* |
| *Eglón, rey de Moab* | | *18* | *3:14* |
| Aod | Libera a Israel de los opresores moabitas | 80 | *3:12-30* |
| Samgar | Libera a Israel de los opresores filisteos | 10 | *3:31* |
| *Jabín, rey de Canaán* | | *20* | *4:3* |
| Débora | Débora, la única jueza<br>Junto a Barac libera a Israel de los opresores cananeos | 40 | *4:4—5:31* |
| *Madianitas* | | *7* | *6:1* |
| Gedeón | Buscó una señal de parte de Dios<br>Libera a Israel de los madianitas | 40 | *6:11—8:35* |
| *Abimelec* | *Aterrorizó al pueblo al autoproclamarse rey de Israel* | *3* | *9* |
| Tola | | 23 | *10:1-2* |
| Jair | | 22 | *10:3-5* |
| *Amonitas* | | *18* | *10:7-9* |
| Jefté | Libera a Israel de los opresores amonitas | 6 | *10:6—12:7* |
| Ibzán | | 7 | *12:8-10* |
| Elón | | 10 | *12:11-12* |
| Abdón | | 8 | *12:13-15* |
| *Filisteos* | | *40* | *13:1* |
| Sansón | Famoso por su tremenda fuerza | 20 | *13—16* |
| Elí | Sacerdote y juez | 40 | *1 Samuel 1:1—4:18* |
| Samuel | Sacerdote y juez | 21 | *1 Samuel 1:11—13:15* |
| Joel/Abías | | | *1 Samuel 8:1-2* |

# ¿Quiénes fueron los reyes y los profetas de Judá e Israel?

| Judá | | | Israel | | Asiria |
|---|---|---|---|---|---|
| **Rey** | **Profeta** | **Fecha a.C.** | **Rey** | **Profeta** | |
| Roboam | Semaías | 931 | Jeroboam I | Ahías | |
| ***Egipto invade Jerusalén*** Abías | Iddo | 913 | ***Guerra con Judá*** | | |
| Asa | Azarías | 911 | | | |
| | Hananí | 910 | Nadab | | |
| | | 909 | Baasa | Jehú | |
| ***Se alía con Siria contra Baasa*** | | 886 | Ela | | |
| | | 885 | Zimri | | |
| | | 885 | Tibni* | | |
| | | 885 | Omri | | 883-859 Asurnasirpal II |
| | | | ***Samaria se convierte en ciudad capital*** | | |
| | | 874 | Acab | Elías, Micaías | |
| Josafat | Jehú | 870 | ***Se alía con Judá contra Siria*** | | |
| | Jahaziel | 853 | Ocozías | Eliseo | 858-824 Salmanasar III |
| | Eliezer | 852 | Joram | | |
| Joram | | 848 | | | |
| Ocozías | | 841 | Jehú | | |
| Atalía | | 841 | | | |
| Joás | ¿Joel? | 835 | | | |
| | Zacarías | 814 | Joacaz | | |
| | | 798 | Joás | | |
| Amasías | | 796 | ***Batalla contra Amasías*** | | |
| | | 782 | Jeroboam II | Jonás | 782-773 Salmanasar IV |
| Uzías Azarías | | 767 | | Amós | |
| | Isaías | 753 | Zacarías | Oseas | |
| Jotam regente | | 752 | Salum | | |
| | | 752 | Menahem | | 744-727 Tiglat-Pileser III |
| | | 742 | Pekaía | | |
| | | | ***Paga tributo a Asiria*** | | |
| Jotam | | 740 | Peka | Oded | |
| | | | ***Batalla contra Asiria*** | | |
| | | | ***Muchos son deportados*** | | |
| Acaz | Miqueas | 732 | Oseas | | |
| ***Tributo a Asiria*** | | | ***Tributo a Asiria*** | | 726-722 Salmanasar V |
| | | 724 | ***Caída de Samaria*** | | 721-705 Sargón II |
| Ezequías | | 715 | | | 704-681 Senaquerib |
| ***Invasión de Senaquerib*** | | 701 | | | |
| Manasés | | 687 | | | 680-669 Esarjadón |
| Amón | | 642 | | | |
| Josías | Nahúm | 640 | | | |
| ***Reforma religiosa*** | Sofonías | | | | |
| | Habacuc | 612 | | | ***Caída de Nínive*** |
| Joacaz | Jeremías | 609 | | | |
| Joacim | Urías | 609 | | | |
| | | 605 | | | ***Egipto pierde la batalla de Carquemis*** |
| ***Tributo a Egipto*** | | | | | |
| Joaquín | | 598 | | | |
| ***Muchos son deportados a Babilonia*** | | | | | |
| Sedequías | | 597 | | | |
| ***Caída de Jerusalén*** | | 587 | | | |

** Véase 1 Reyes 16:21-22*

# La tienda

## DE LA PRESENCIA DE DIOS

Mientras iban errantes por el desierto, los israelitas construyeron el tabernáculo, una tienda especial donde adoraban a Dios. Cada vez que se detenían, montaban el tabernáculo en medio del campamento, para mostrar que Dios estaba en el centro de la vida de la nación.

### La tienda

El tabernáculo tenía una estructura de madera de acacia, cubierta de cuatro capas de material, con cortinas decoradas de lino en el interior, y con pieles impermeables en el exterior (Éxodo 26).

### Dentro de la tienda

Dentro de la tienda había dos estancias. La estancia menor, más interior, era el lugar santísimo, donde solo entraba el sumo sacerdote, y solo una vez al año. Allí estaba el arca del pacto, que contenía las tablas de los Diez Mandamientos, una vasija de maná y la vara de Aarón (Éxodo 25:10-22; Hebreos 9:4).

### El lugar santo

En el lugar santo, la estancia más exterior, estaban el altar del incienso, un candelero de siete brazos, y la mesa del pan de la proposición (Éxodo 25:23-40; 30:1-10).

### El recinto sagrado

El tabernáculo mismo estaba rodeado de un recinto cerrado por cortinas en el que solo podían entrar sacerdotes y levitas. Delante del tabernáculo había la fuente de bronce, donde los sacerdotes se lavaban ritualmente, y el altar, donde se sacrificaban animales (Éxodo 27).

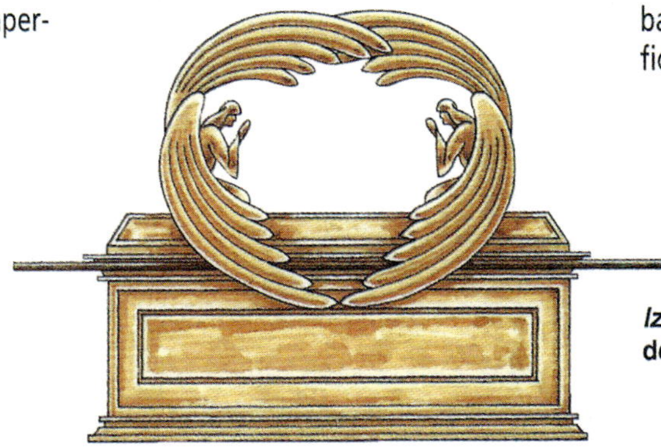

***Izquierda:*** **Impresión artística del arca del pacto.**

***Abajo:*** **Impresión artística del tabernáculo**

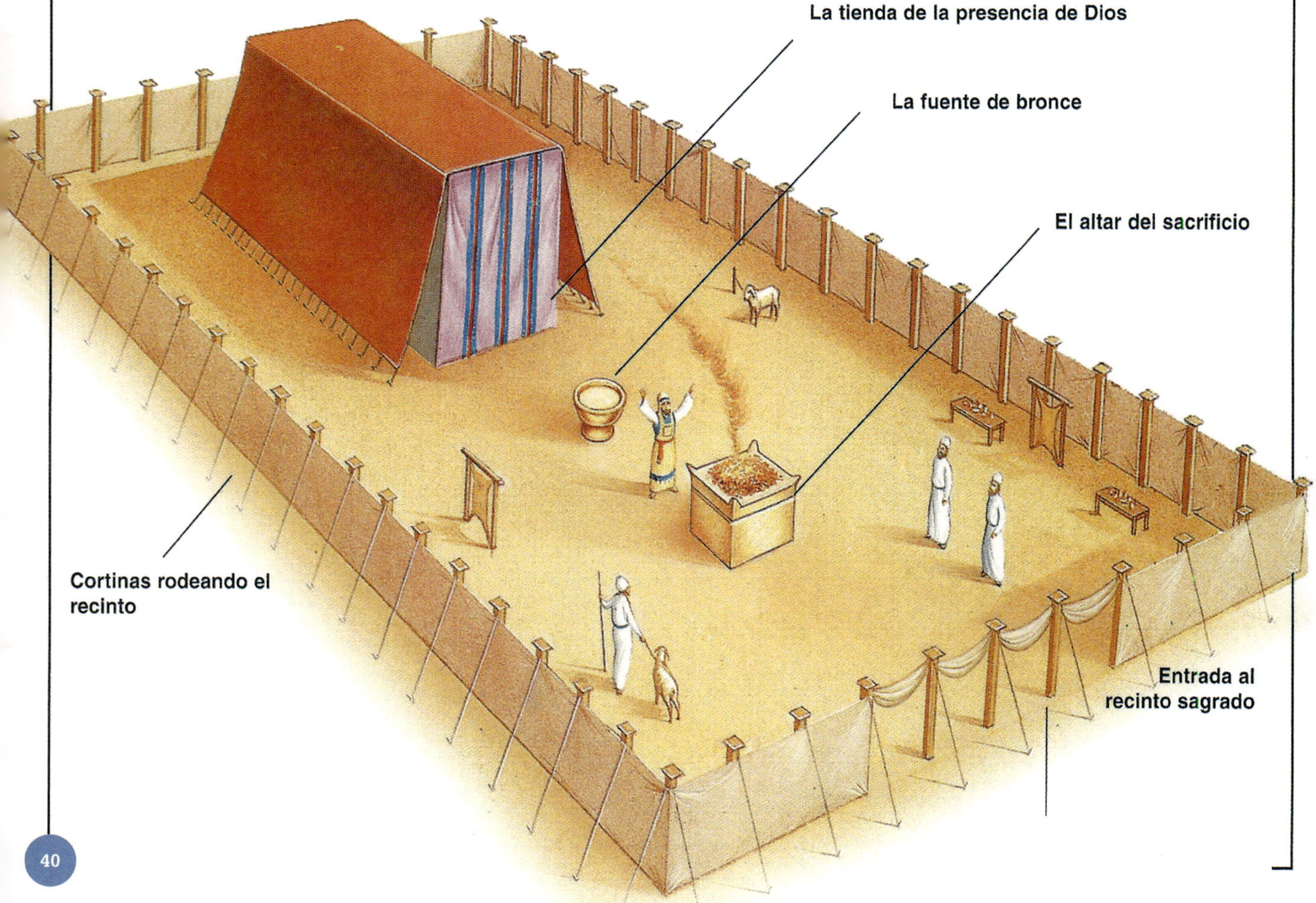

# La casa de Dios

## EL TEMPLO DEL REY SALOMÓN

Después de la conquista de Canaán, los israelitas dejaron de llevar el tabernáculo allí donde fueran. Finalmente, cuando quedó establecida la monarquía, el Rey David llevó el arca del pacto a Jerusalén, con el propósito de edificar allí un templo (2 Samuel 6). Pero fue su hijo Salomón quien realmente edificó el primer templo.

**Semejante al tabernáculo**
Construido de piedra, el templo era similar al tabernáculo en su distribución, pero mucho mayor. Estaba recubierto de madera de cedro en su interior, importada del Líbano. Al igual que el tabernáculo, en el templo estaban el altar del incienso, la mesa del pan de la proposición y el candelero. En el lugar santísimo, el arca del pacto (1 Reyes 5–7).

**No un lugar de reunión**
El templo no era un lugar de reunión para el pueblo de Dios, como un edificio moderno de iglesia; solo los sacerdotes podían entrar para desempeñar allí los sacrificios rituales y otros deberes. El templo de Salomón fue destruido cuando los babilonios tomaron Jerusalén en el 587 a.C. (2 Crónicas 36:15-19).

**Sumo sacerdote**

***Abajo:*** **Una ilustración artística del templo de Salomón, con un corte para mostrar el interior.**

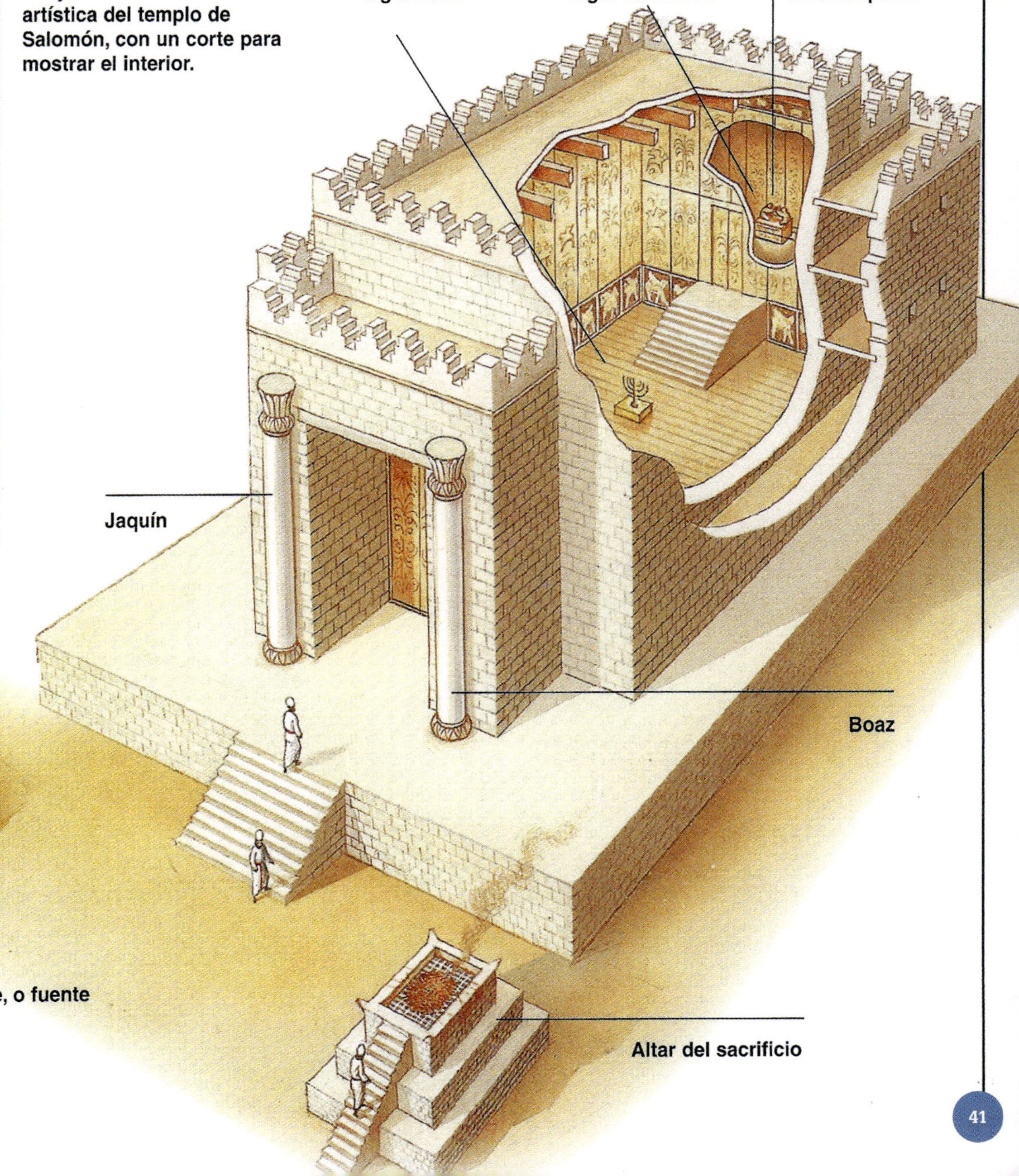

# El año del agricultor

En los tiempos bíblicos, la mayoría de la gente tenía alguna relación con la agricultura, y cada familia tenía al menos un pequeño huerto.

**Cereales**
Las principales cosechas eran el trigo y la cebada. Después de las lluvias de otoño, el labrador araba la tierra y sembraba a mano. Si había lluvias en invierno, podía recoger la cosecha en abril o mayo.

**La siega**
El labrador cortaba la mies con una hoz, y dejaba las gavillas en el campo para que se secasen. Luego trillaba la mies en una era, donde los bueyes pisaban el grano. Después, el labrador aventaba el grano, echándolo al aire para separar el grano del tamo, más ligero, que era arrastrado por el viento. Finalmente, el grano era cribado y guardado en sacos o en grandes recipientes.

**Los frutos**
Los israelitas también cultivaban frutos como uvas, higos y aceitunas, así como melones, dátiles, granadas y nueces. También solían cultivar hortalizas como alubias, lentejas, cebollas y pepinos, y algunas otras plantas.

**Animales**
Se criaban ovejas y cabras para su carne y leche, y para su lana y pelo, que se podían emplear para hacer vestidos. Los granjeros usaban a menudo asnos para llevar cargas, y bueyes para tirar del arado.

INTENSAS LLUVIAS INVERNALES

LLUVIAS PRIMAVERALES

COMIENZA LA ESTACIÓN SECA

COMIENZA EL INVIERNO

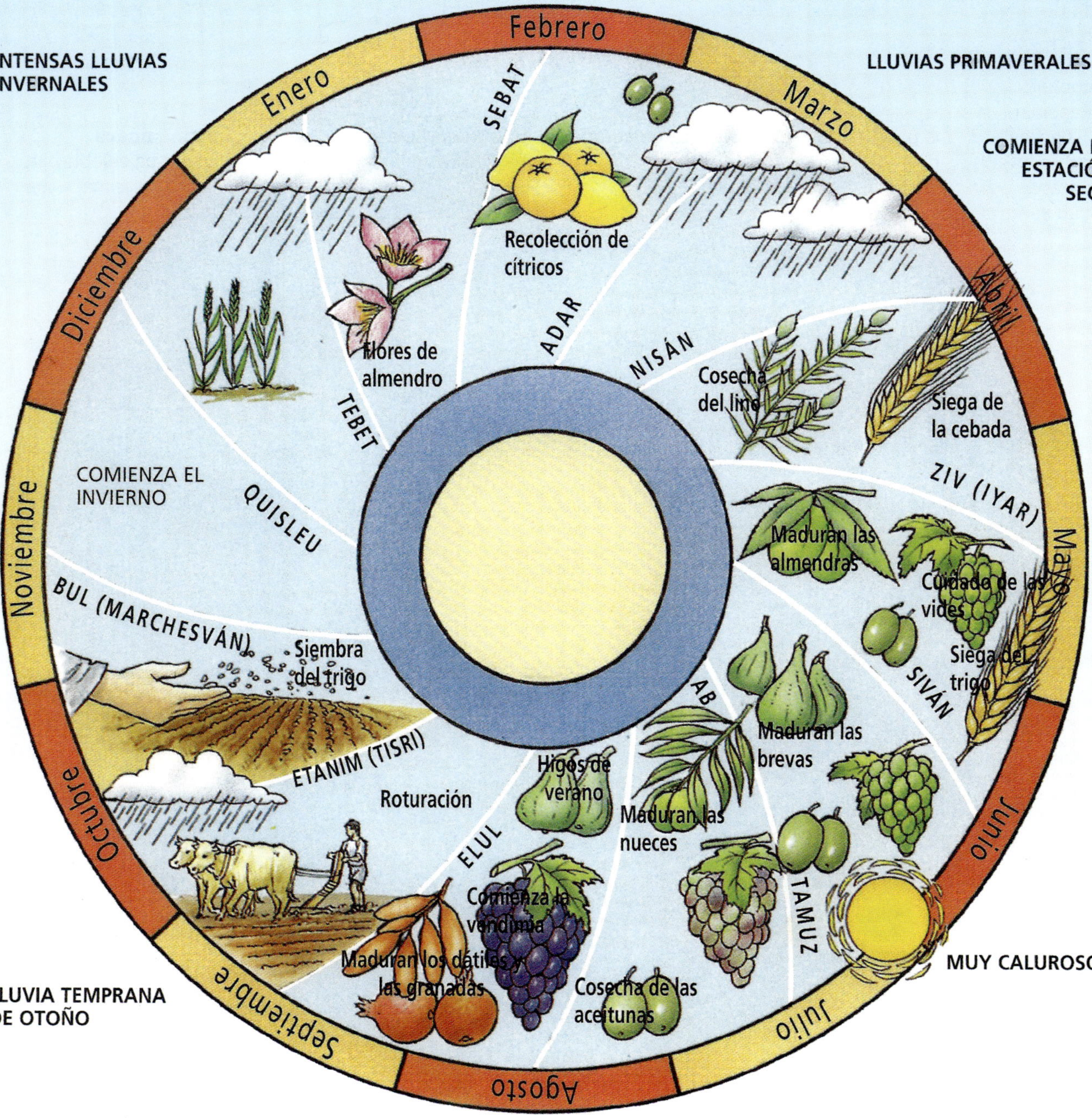


MUY CALUROSO

LLUVIA TEMPRANA DE OTOÑO

# Fiestas judías

Dios dio al pueblo judío numerosos días festivos, o fiestas, para celebrar diferentes acontecimientos a lo largo del año. Muchas de las fiestas eran originalmente fiestas agrícolas. La fiesta de la Pascua, la fiesta de las semanas y la fiesta de los tabernáculos eran las tres principales.

**La fiesta de la Pascua *(Pesaj)*** celebraba la liberación de Israel de su esclavitud en Egipto. El 14 de Nisán, cada familia judía comía su propia cena pascual (Seder), conmerando la primera Pascua (Éxodo 12).

**La fiesta de los panes sin levadura** se celebraba durante los siete días que seguían a la Pascua, cuando las familias judías comían pan sin levadura (pan de aflicción) para recordar los cuarenta años de vagar por el desierto (Levítico 23:5-8).

**La fiesta de las semanas** (de la siega o de Pentecostés) comenzaba siete semanas enteras (50 días) después de Omer y era para dar gracias por las bendiciones de Dios sobre la cosecha (Levítico 23:15-22).

**La fiesta de las trompetas, *Rosh Hashanah*** o ***Día de Año Nuevo*** (Levítico 23:23-25), recordaba la creación del mundo por Dios y se celebraba el 1 de Tisri.

**El día de la expiación *(Yom Kippur)*** era el más solemne de los días santos, un día de confesión nacional, el 10 de Tisri, cuando el sumo sacerdote entraba en el lugar santísimo del templo para rociar la sangre del sacrificio (Levítico 23:26-32).

**La fiesta de los tabernáculos (*Sucot*,** cabañas o de la cosecha), era una semana de celebraciones por la recolección de los frutos, del 15 al 21 de Tisri, ocasión en la que los judíos vivían en refugios temporales hechos con ramas (cabañas) para recordar el cuidado que Dios había tenido de los hebreos durante su peregrinación de Egipto a Canaán (Levítico 23:33-43).

**Hanuka** o fiesta de las luces era la fiesta de la dedicación, el 25 de Quisleu, para celebrar la victoria de Judas Macabeo y la rededicación del templo entre el 165 y 164 a.C. Era conocida como la fiesta de las luces debido a que se empleaba un candelero de ocho brazos, con una luz extra para alumbrar las otras en cada uno de los ocho días de la fiesta, recordando la milagrosa provisión de aceite en la primera celebración (2 Macabeos 10:1-8; Juan 10:22).

**Purim** se celebra durante el 13-15 de Adar y señala la liberación de los judíos por medio de Ester (Ester 9).

**La luna nueva**

Los judíos celebraban el comienzo de cada mes (Números 28:11).

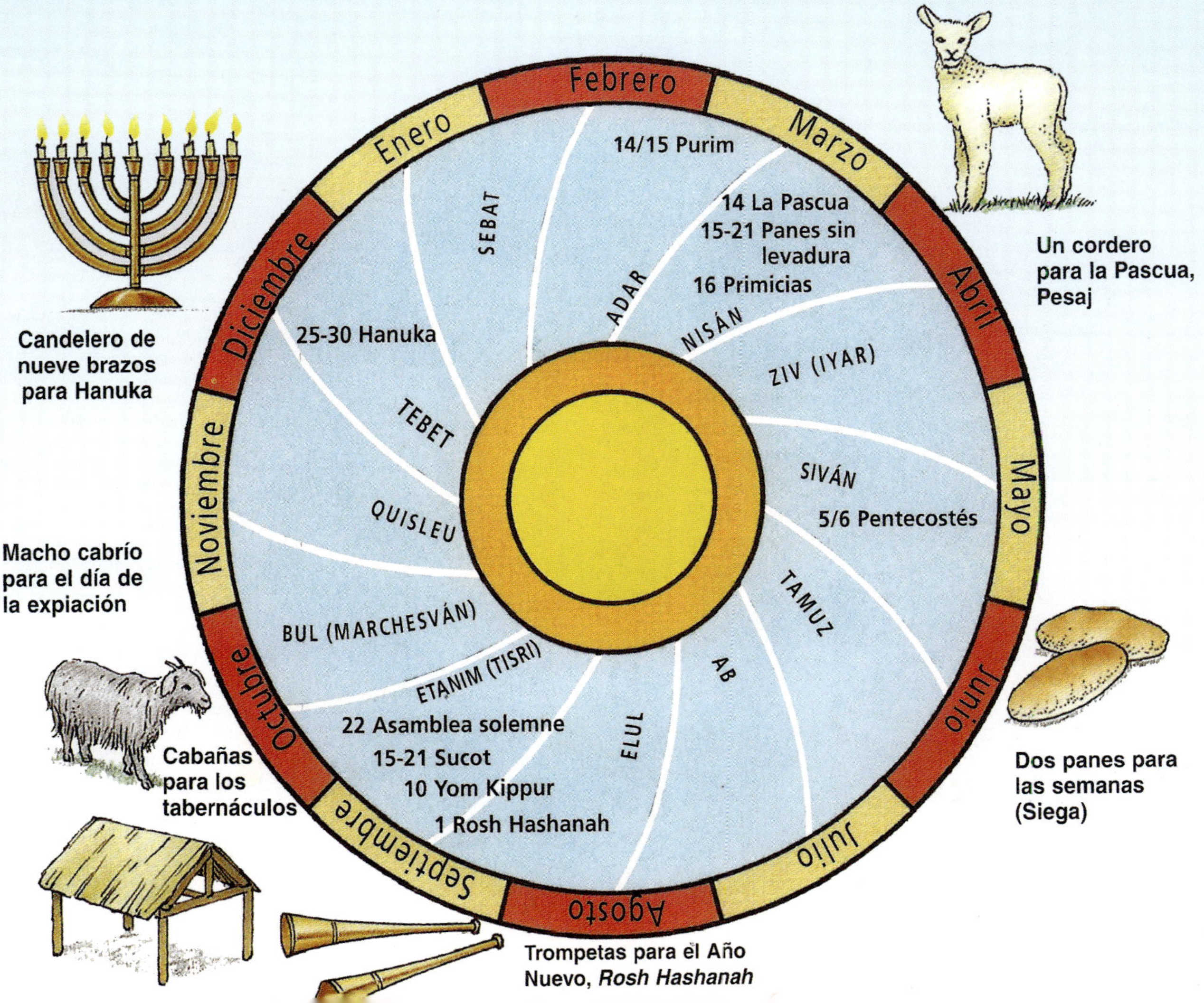

# Pactos del Antiguo Testamento

Los pactos del Antiguo Testamento jugaron un rol prominente en la vida social, política y religiosa. Aunque la palabra hebrea para "pacto" (*b$^{e}$rît*) puede tener diferentes significados, cuando se usa con referencia a los pactos bíblicos, resalta dos matices básicos. En primer lugar, significa una obligación legalmente vinculante. Un pacto nunca fue algo a lo que una persona podía entrar a la ligera. Segundo, un pacto no representaba una carga arbitraria de expectativas sobre un participante desprevenido, sino que asumía la existencia de una relación preexistente. Los pactos noético, abrahámico y davídico, así como el nuevo pacto, a menudo son llamados los "pactos de la promesa" o pactos de *concesión.* En cambio, el pacto mosaico se puede comparar con el tratado feudovasallático (véase el recuadro para una descripción de algunas de las diferencias fundamentales entre esos dos tipos de pactos).

**El pacto noético (concesión)**
Aunque se estableció con Noé (y sus descendientes, Gn. 9:8-10), este pacto abarca a toda la humanidad dado que Noé y su familia fueron los únicos sobrevivientes del diluvio. Dios prometió unilateralmente que nunca destruiría toda vida sobre la tierra mediante alguna catástrofe natural (Gn. 9:11), y designó al arcoíris como una señal del pacto, para recordar continuamente a la humanidad la misericordiosa promesa de Dios.

**El pacto abrahámico (concesión)**
El pacto abrahámico es un pacto personal y familiar, y forma las bases históricas del trato de Dios con la humanidad. A través de este pacto, Dios les promete tierra, simiente y bendición a Abraham y sus descendientes (Gn. 12:1-3). El pacto abrahámico delinea el singular rol que la simiente de Abraham tendrá en el plan de Dios para el mundo y allana el camino para el prominente rol de Israel en ese plan.

**El pacto mosaico (tratado)**
Este pacto sigue el formato de un tratado feudovasallático bilateral y representa la constitución para la nación de Israel que surgió de los descendientes de Abraham, un desarrollo previsto por el pacto abrahámico. En este pacto, Dios presenta maldiciones por la desobediencia y bendiciones por la obediencia. La demanda básica de Dios era que Israel lo amara a Él exclusivamente (Dt. 6:4-5). Este pacto le dio guías tangibles al pueblo elegido de Dios para que pudieran demostrar el carácter de Yahveh (en hebreo, el nombre personal de Dios; Éx. 3:14) ante las naciones de alrededor (Éx. 19:4-6).

**El pacto davídico (concesión)**
Yahveh prometió unilateralmente establecer y mantener la dinastía davídica sobre el trono de Israel (2 S. 7:12-16). Este pacto encontrará su cumplimiento final cuando Cristo regrese para gobernar sobre el Israel creyente durante el milenio. Teológicamente, este pacto está enraizado en el pacto abrahámico. Aun si alguna generación (o generaciones) de israelitas experimenta el juicio divino (en virtud de las bendiciones y maldiciones del pacto mosaico), la dinastía davídica permanecerá intacta por siempre. Dios prometió que los descendientes de Abraham serían una gran nación con una tierra, gobernada por reyes (Gn. 17). El pacto davídico especifica aún más esa realidad. El pacto davídico también se relaciona con el pacto mosaico. Los salmos reales representan al rey llevando a cabo su rol de gobierno de acuerdo a las estipulaciones del pacto mosaico (Sal. 2; 18; 21; 45; 72; 89; 101; 110; 132; 144; cf. 2 R. 18:6; 21:7-9; 23:24-25).

**El nuevo pacto (concesión)**
En este pacto, el Señor promete mantener la relación con su pueblo elegido de una manera diferente a la que había caracterizado al antiguo pacto, esto es, el pacto mosaico (Jer. 31:31-34). Entre otras cosas, Él escribiría su ley en el corazón de ellos y perdonaría sus pecados.

### Diferencias básicas entre una concesión y un tratado en los tiempos bíblicos

| Concesión | Tratado |
|---|---|
| 1. El dador del pacto hace un compromiso con el vasallo. | 1. El dador del pacto impone una obligación sobre el vasallo. |
| 2. Representa una obligación de un amo sobre su vasallo. | 2. Representa una obligación del vasallo para su amo. |
| 3. Principalmente protege los derechos del vasallo. | 3. Principalmente protege los derechos del amo del vasallo. |
| 4. El participante superior no hace demandas. | 4. El amo promete recompensar o castigar al vasallo por obedecer o desobedecer las obligaciones impuestas. |

Es esencial observar una diferencia clave entre la *naturaleza* del pacto mosaico y el nuevo pacto. Dado que el pacto mosaico incluía a los israelitas creyentes y no creyentes, participar de aquel pacto no incluía *necesariamente* la conformidad interna a los requisitos de Yahveh. Lo que es fundamentalmente nuevo en el nuevo pacto es que todo participante de ese pacto (a diferencia del pacto mosaico) recibe este "nuevo corazón". Aunque bajo el pacto mosaico, *el pecado de Judá* estaba escrito en el corazón de la nación elegida de Dios en general (Jer. 17:1), la ley de Dios será escrita sobre el corazón de cada israelita en el establecimiento del nuevo pacto.

A diferencia del pacto mosaico, que era falible (es decir, Israel podía quebrar ese pacto), los participantes del nuevo pacto no pueden violar o incumplir el nuevo acuerdo. El nuevo pacto no tiene una falibilidad incorporada porque, a diferencia del antiguo pacto, solo los creyentes pueden participar del nuevo pacto. Mientras que *solo Yahveh* permanece fiel a sus compromisos en el pacto mosaico, *ambos participantes* vivirán de acuerdo con las bendiciones y las demandas del nuevo pacto (es decir, ser fieles).

### Pactos condicionales o incondicionales

Cuando hablamos de los pactos bíblicos, los conceptos de condicionalidad e incondicionalidad no son mutuamente exclusivos. Un pacto incondicional no es necesariamente uno sin condiciones, así como un pacto condicional puede tener elementos incondicionales. El uso de los términos concesión y tratado (véase el recuadro) clarifica las diferencias entre los pactos bíblicos. En una *concesión,* el dador/hacedor del pacto ofrece la promesa o compromiso (*unilateral*). Se puede decir que el pacto es incondicional en el sentido de que el participante superior no hace demandas. En un *tratado,* el dador/hacedor del pacto impone una obligación sobre alguien más (*bilateral*).

# El Nuevo Testamento

## Un testimonio de la fidelidad de Dios

El Nuevo Testamento fue escrito por discípulos personales de Jesús o, en unos pocos casos, sus compañeros más íntimos. No existen otros escritos con tan sólidas afirmaciones de ser registros auténticos del siglo primero de lo que Jesús y sus primeros seguidores hicieron y enseñaron.

El Nuevo Testamento merece, pues, nuestra mayor atención y respeto. Establece cuatro maneras en las que Jesucristo se hizo siervo de todos y, al mismo tiempo, Señor sobre todo. Cada una de estas maneras está enraizada en las promesas previas de Dios en el Antiguo Testamento.

### La cruz

Dios le prometió a Abraham que Él haría de sus descendientes una gran nación (Gn. 15:5); el mismo nombre de Jesús significa "Él salvará a Su pueblo de sus pecados" (Mt. 1:21). "Su pueblo" estaba conformado por los descendientes creyentes de Abraham, tanto los del Antiguo Testamento como los que serían "hijos de Abraham" por fe en Cristo en tiempos del Nuevo Testamento (Gá. 3:7). La manera en la que Jesús nos salvó fue mediante su muerte en la cruz por nuestros pecados.

En la era del Antiguo Testamento, Dios enseñó a su pueblo que sus pecados merecían castigo. En realidad, ¡lo que demandaba era la muerte de ellos!, pero podría haber perdón si su pueblo ponía atención a la Palabra de Dios a través de su guía verbal (Torá, ley o enseñanza) y los profetas. Mediante su respuesta a lo que Dios les había dicho —"Escucha, oh Israel" (Dt. 6:4)— ellos podían expresar arrepentimiento y fe que llevaría a la bendición de Dios (vida) en vez de a su desagrado (muerte). En Deuteronomio, Moisés

Típica representación artística de Jesús, pero ¿quién era Jesús? ¿Cómo era realmente?

frecuentemente presenta estas marcadas alternativas al pueblo hebreo.

Sin embargo, las leyes y los sacrificios del Antiguo Testamento apuntaban hacia algo más grande que ellos mismos, así como Moisés señalaba a un profeta más grande que él (Dt. 18:15; Hch. 3:22). El Antiguo Testamento señala a un sacrificio por el pecado ofrecido por Dios mismo (Is. 53:6).

El Nuevo Testamento identifica a Jesús como el que dio su vida en rescate por muchos (Mr. 10:45). Él se hizo pecado en nuestro lugar a fin de que pudiéramos ser justicia de Dios en Él (2 Co. 5:21). Así como Moisés levantó la serpiente de bronce, Jesús fue levantado para que todo el que crea en su muerte como el pago por sus pecados "no se pierda sino que tenga vida eterna" (Jn. 3:14, 16).

El centro de la salvación en el Nuevo Testamento es el mensaje de Cristo crucificado por nuestros pecados.

### La resurrección

Si Jesús hubiera permanecido muerto en la tumba, no tendríamos razones para creer que su muerte logró algo inusual. Pero, después de la brutal muerte sobre la cruz romana, Él fue visto vivo por mucha gente en varias ocasiones, descartando así teorías de que sus apariciones fueron alucinaciones, visiones personales o alguna clase de engaño.

Pocos hechos de la historia antigua son más seguros que las

**Promesas del Antiguo Testamento cumplidas en Jesucristo**

| | |
|---|---|
| Génesis 3:15 | Satanás es aplastado |
| Génesis 12:1-3 | Bendición a todos a través de Abraham |
| Éxodo 12 | Sacrificio de la Pascua |
| Deuteronomio 18:15 | Profeta como Moisés |
| 2 Samuel 7:13 | Reino eterno al hijo de David |
| Salmos 2 | Ira inútil contra el ungido de Dios |
| Salmos 22 | El Cristo sufriente |
| Isaías 2:2-5 | El reino venidero |
| Jeremías 31:31-34 | El nuevo pacto |
| Malaquías 4:5 | El precursor de Jesucristo |

Un rabino de los tiempos bíblicos.

Una tumba con una piedra rodante. El Nuevo Testamento se fundamenta en la resurrección de Jesús.

afirmaciones de los discípulos de Jesús de haberlo visto vivo después de su muerte.

Jesús dijo que su resurrección estaba anunciada por la enseñanza del Antiguo Testamento. Después de sufrir, Cristo sería glorificado (Lc. 24:26). Jesús dijo: "Así está escrito, que el Cristo (el Mesías) padecerá y resucitará de entre los muertos al tercer día" (v. 46). Así como Jonás fue tragado por el pez pero recibió una nueva oportunidad, también Jesús fue reclamado por la muerte y la tumba pero se levantó de entre los muertos para enviar un mensaje de salvación (véase Mt. 12:40). Así como Abraham recibió de vuelta a Isaac de lo que parecía ser una muerte segura (He. 11:19), los discípulos recibieron de nuevo a Jesús después de su muerte bajo Poncio Pilato.

Numerosos incidentes del Antiguo Testamento señalan la creencia de que Dios podía resucitar a los muertos y que, de hecho, lo hacía. Jesús revindicó esa tenaz creencia de una manera sorprendente que cambió la historia.

## La ascensión

El mensaje de la Pascua: "Cristo ha resucitado, ciertamente ha resucitado" es el gran clímax del Nuevo Testamento, pero la historia de Jesús no termina ahí, sino que se traslada a un nuevo plano: Él ascendió a los cielos. Los mismos discípulos que lo vieron vivo después de la crucifixión lo vieron ascender cuando "una nube Lo recibió y Lo ocultó de sus ojos" (Hch. 1:9).

Jesús mismo enseñó que, de alguna manera, el poderoso Dios de los cielos tenía a alguien a su mano derecha a quien David llamó "Señor" (Mt. 22:43-45). Este era un concepto tan difícil que, cuando Jesús lo presentó, sus interrogadores simplemente abandonaron el tema (v. 46). Sin embargo, este concepto fue claramente afirmado en el Salmo 110:1. Este salmo es citado o aludido en el Nuevo Testamento más de veinte veces.

Otro retrato memorable del Antiguo Testamento describe a Dios en su trono, "el Anciano de Días", presentando "dominio, gloria y reino" a alguien llamado "Hijo de Hombre" (Dn. 7:13-14). En los Evangelios, "Hijo del Hombre" es la designación frecuentemente usada por Jesús para referirse a sí mismo.

Jesús no solo se levantó de entre los muertos para ser visto por muchos, sino que volvió a la presencia de Dios donde ejerce dominio sobre toda la creación.

**Cuadro comparativo del tamaño de los libros del Nuevo Testamento**

## El mensaje del Nuevo Testamento

"Crean en Dios, crean también en Mí" (Jn. 14:1). Pero ¿qué implica creer en Jesús? Los veintisiete libros del Nuevo Testamento responden claramente esa pregunta.

# Presentando a Jesús

Fragmento del Evangelio de Juan.

Jesucristo es la persona más influyente que haya vivido jamás. "Jesús" viene del nombre hebreo/arameo *Yeshua*, dado a Jesús cuando tenía solo una semana de edad. El nombre "Cristo" viene de la palabra griega que significa *Mesías* o *el Ungido*. Por lo tanto, Cristo no es un sobrenombre, sino una manera de proclamar a Jesús como ungido, y elegido especialmente.

Muchas cosas de Jesús no encajan con la idea de alguien elegido de forma especial. Él vivió hace dos mil años en un lugar poco conocido del Imperio romano. Pasó la mayor parte de su vida en una pequeña comunidad, no tuvo ningún cargo político, no escribió nada, y murió con poco más de treinta años de edad. Sin embargo, a pesar de todo eso, miles de millones de cristianos lo han adorado como el Hijo de Dios a lo largo de los siglos. La mayoría de los que practican otras religiones también lo tienen en alta estima; por ejemplo, los musulmanes lo consideran un gran profeta. Incluso los que no tienen ningún tipo de fe tienden a considerar valiosas muchas de sus enseñanzas.

Aunque de vez en cuando algunos eruditos han dudado de que Jesús existiera realmente, la mayoría de los historiadores de hoy, cristianos y no cristianos, aceptan que hay una abrumadora evidencia, tanto en la Biblia como en otras fuentes, de que Él sí existió. De hecho, sabemos más de Jesús que de cualquier otro personaje de aquellos tiempos.

## ¿Qué decían los romanos?

Los escritores romanos no estaban muy interesados en lo que ocurría en el lejano extremo oriental del Imperio, por lo que no debería sorprendernos que no hayan aportado mucha información acerca de Jesús. Tácito, el historiador romano, se refiere a los cristianos en su descripción del fuego en Roma en el año 64 d.C. y dice que recibieron su nombre de Cristo, el que fue ejecutado por Pilato. Tristemente, la porción de los *Anales* de Tácito que cubre el tiempo del ministerio de Jesús no se ha conservado. Más tarde, Luciano de Samosata se refiere a los cristianos que adoraban a "aquel gran hombre que fue crucificado en Palestina". Plinio el Joven escribe sobre cristianos que se reunían para cantarle a Cristo como un dios, y Suetonio culpa de los alzamientos en Roma en el año 49 d.C. a la gente que seguía las enseñanzas de Cristo (él se refiere a *Chrestus*, pero puede ser una variante de la grafía de *Christus*).

Por lo tanto, los escritores de Roma confirman que Jesús vivió,

### Josefo describe a Jesús

"En aquel tiempo había un hombre sabio llamado Jesús, y su conducta fue buena, y era reconocido como virtuoso. Mucha gente entre los judíos y las otras naciones se convirtieron en sus discípulos. Poncio Pilato lo condenó a muerte por crucifixión. Pero los que habían sido sus discípulos no abandonaron su discipulado. Ellos informaron que Él se les había aparecido tres días después de la crucifixión y que estaba vivo. Por tanto, Él quizá fue el Mesías de quien los profetas habían anunciado maravillas. Y la tribu de los cristianos, que llevan su nombre, no ha desaparecido hasta este día".

(Josefo: *Antigüedades* 18:63-64)

El Imperio romano

### Tácito escribe sobre los "cristianos"

"Recibieron su nombre por Cristo, que fue ejecutado por sentencia del procurador Poncio Pilato en el reinado de Tiberio. La perniciosa superstición, suprimida por el momento, surgió de nuevo, no solo en Judea, el lugar de nacimiento de la plaga, sino también en la ciudad de Roma". (Tácito: *Anales* 15:44)

murió bajo Poncio Pilato y luego fue adorado por muchos, pero no nos dicen mucho sobre la vida de Jesús.

## ¿Qué decían los judíos?

En la colección de escritos judíos llamados el Talmud, hay unos pocos pasajes que probablemente se refieran a Jesús. El Talmud habla de Él como alguien que practicaba la magia y que engañaba a Israel. Sin embargo, nuestra fuente judía más significativa es el historiador Josefo, quien escribió, entre otras cosas, una importante obra llamada *Antigüedades judías*. Esta obra incluye algunas referencias más extensas de Jesús. Algunos eruditos creen que copistas cristianos posteriores añadieron pequeñas partes a los textos originales, pero incluso con esas partes eliminadas, Josefo describe a Jesús como un hombre sabio que hizo obras sorprendentes, enseñó a la gente, fue enviado a la cruz por Poncio Pilato y que continúa siendo adorado. Josefo incluso se refiere a Jesús como el así llamado Mesías, algo que se esperaría de un escritor no cristiano.

Los escritores judíos proporcionan algunos detalles más sobre la vida de Jesús, pero para más información debemos acudir a escritores cristianos.

## ¿Qué decían los primeros cristianos?

Tenemos cuatro relatos de la vida de Jesús en la Biblia: Mateo, Marcos, Lucas y Juan. Dado el grado de similitud entre los relatos, los eruditos han propuesto, a lo largo de los siglos, diferentes teorías para explicar la relación entre ellos. Quizá, la explicación más probable es que Marcos escribió el primero y más corto de los relatos, y que Mateo y Lucas tuvieron acceso al Evangelio de Marcos, pero ellos sabían cosas adicionales sobre Jesús que no fueron incluidas en ese relato. Por ejemplo, ambos añaden información sobre el nacimiento de Jesús que, al parecer, no fue importante para Marcos, y también incluyen más enseñanzas de Jesús. Juan cuenta la historia de una manera muy diferente, con discursos y reflexiones mucho más largos.

Somos muy afortunados de tener cuatro relatos que nos permiten ampliar nuestra comprensión. Es como escuchar a cuatro personas que nos cuentan de una fiesta o un partido de fútbol; aprendemos mucho más que si solo una nos cuenta todo. No son las únicas versiones de la vida de Jesús que fueron escritas, pero es generalmente aceptado que las otras son formas corruptas de los cuatro relatos que ya tenemos, ¡o que son el producto posterior de imaginaciones desbordantes! Podemos estar muy agradecidos a la iglesia primitiva por el trabajo de establecer la confiabilidad de los cuatro Evangelios de la Biblia.

### ¿Es esta la cara de Jesús?

**Se ha representado a Jesús de muchas maneras a lo largo de los siglos.**

# La vida y el mensaje de Jesús

Un tranquilo tramo del río Jordán

Los detalles sobre los primeros años de Jesús son escasos; sin embargo, indican dos cosas. Primera, Él nació de padres judíos, tuvo hermanos y hermanas, recibió la instrucción religiosa provista por la sinagoga y aprendió el oficio de carpintero. En otras palabras, Él parecía ser un judío normal del siglo primero en Galilea. Segunda, Él fue concebido sin la intervención de un padre humano, en su nacimiento fue aclamado como rey por los ángeles y los sabios, y dejó asombrados a los eruditos religiosos cuando era un niño de solo doce años. En otras palabras, Él era claramente más que un artesano galileo normal. Esta tensión entre la normalidad humana, por un lado, y su dimensión espiritual, que no era para nada normal, por otro lado, aparece a lo largo de toda su vida.

## Ministerio galileo

Algunos eruditos ubican el principio del ministerio de Jesús alrededor del año 27 d.C. y, otros, en el año 30 d.C. En cualquier caso, el ministerio público de Jesús duró unos tres años, dado que se mencionan tres celebraciones anuales de la Pascua (Jn. 2:13; 6:4; 12:21).

Jesús salió a la luz pública cuando recibió el bautismo de su primo Juan "el Bautista" en el río Jordán. Juan veía a la nación judía como separada de Dios y llamaba a sus oyentes a arrepentirse, "porque el reino de los cielos se ha acercado" (Mt. 3:2). Dios estaba por dictar sentencia sobre su pueblo elegido. Jesús no tenía nada de qué arrepentirse, porque estaba sin pecado, pero aceptó bautizarse y así apoyar el ministerio de Juan e identificarse con el pueblo que Él había venido a salvar. En el bautismo, Jesús recibió la confirmación del Padre de que lo amaba y lo apoyaba completamente en su misión (Mr. 1:1).

Después del bautismo, Jesús soportó un severo período de prueba en el desierto. Allí, Él estableció su dominio sobre el diablo y resolvió completar la misión del Padre conforme a la voluntad del Padre.

Después del encarcelamiento de Juan, Jesús llamó a los discípulos, quienes lo siguieron y aprendieron de Él a medida que predicaba y sanaba a los enfermos "por toda Galilea" (Mt. 4:23). Las multitudes acudían a escucharlo de todas las regiones de alrededor (v. 25). El Sermón del Monte (caps. 5—7) es un buen ejemplo del mensaje de Jesús durante este período, que duró aproximadamente dos años. La gente se sorprendía no solo por *lo que* Jesús enseñaba, sino por la *autoridad* con la que hablaba (7:28-29).

Caverna debajo de la moderna Capilla de la anunciación, Nazaret.

## Ministerio más allá de Galilea

Si bien el ministerio de Jesús se centraba en sus compatriotas judíos (Mt. 15:24), Él no limitó la predicación de su mensaje estrictamente a Galilea. Él llegó a la vida de una mujer samaritana y a los de su aldea (Jn. 4); también se aventuró hacia el norte, a Tiro y Sidón, y liberó a la hija de la mujer cananea de un opresivo espíritu demoníaco (Mt. 15:21-28). Pedro, en Cesarea de Filipo, identificó a Jesús como "el Cristo (el Mesías), el Hijo del Dios viviente" (16:16). Probablemente sobre el monte Hermón, muy lejos de Galilea, tres discípulos vieron a Jesús conversando con Moisés y Elías. En esa sorprendente ocasión, el rostro y la ropa de Jesús resplandecían con luz divina (Mt. 17:1-13).

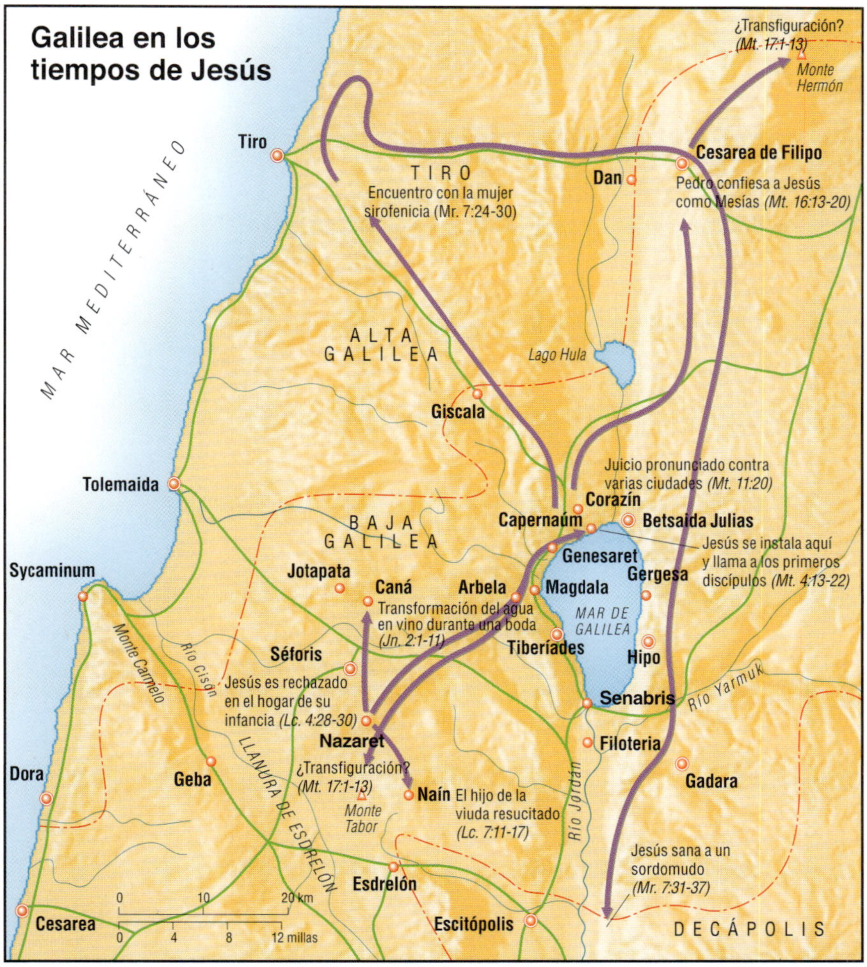

## La estrella de Belén

Un candidato para la famosa "estrella de Belén" descrita en Mateo 2 es el cometa registrado por los astrónomos chinos que apareció en el cielo oriental en marzo del año 5 a.C., y permaneció visible alrededor de 70 días, moviéndose lentamente hacia el sur.

(Investigado por el Profesor Colin Humphreys de la Universidad de Cambridge. *Tyndale Bulletin* 43 [1992] 31-56).

Jesús empezaba ya a predecir su crucifixión y resurrección, pero sus discípulos no lo comprendían.

Después de varias semanas fuera de Galilea, Jesús volvió brevemente a Capernaúm, donde reafirmó muchas de sus enseñanzas, continuó sanando y expulsando demonios y habló de nuevo sobre su muerte venidera (vv. 22-23). Los discípulos estaban perturbados por esto, pero, cuando Jesús dejó Galilea y resolvió ir a Jerusalén, lo único que podían hacer era seguirlo y esperar lo peor (Jn. 11:16).

## La semana que cambió al mundo

El evento culminante en la vida de Jesús fue la cruz, y fue entonces que se convirtió en lo que Juan el Bautista lo había llamado tres años antes: "el Cordero de Dios que quita el pecado del mundo" (Jn. 1:29). Poco antes de su crucifixión, Jesús resucitó a Lázaro de entre los muertos (cap. 11), entró a Jerusalén con el aplauso del pueblo (12:12-19), continuó enseñando a sus discípulos (caps. 13—17) e instituyó la cena conmemorativa, ahora llamada la Cena del Señor (Mt. 16:26-29).

Jesús lamentó la oposición a su mensaje por parte de los líderes religiosos de Jerusalén (Mt. 23:37-39), pero, conforme a la voluntad del Padre, se sujetó al arresto y la sentencia de muerte por cargos de blasfemia y sedición. Su muerte en la cruz fue, en un sentido, una gran injusticia, dado que no había cometido ningún crimen. Sin embargo, después de su sepultura, fue exonerado de toda culpa, no por la gente, sino por Dios. Jesús "fue declarado Hijo de Dios con un acto de poder… por (como resultado de) la resurrección de entre los muertos" (Ro. 1:4). La resurrección mostró la aceptación de Dios del sacrificio de Jesús por el pecado de los seres humanos.

## El mensaje de Jesús

A través de sus palabras y obras, Jesús transmitió un doble mensaje:

Primero, *el juicio y la necesidad de justicia*. Todas las personas necesitan arrepentirse y buscar una relación personal con Dios. La "Iglesia" no es una institución, sino la comunidad de los que comparten una comunión íntima con Dios por medio de la fe en Cristo y cuyas vidas están centradas en el cumplimiento de la voluntad de Dios. La vida eterna es el don de Dios para quienes lo buscan; el castigo eterno espera para quienes no lo hacen.

Segundo, *el lado salvador de Dios*. Las religiones del mundo abundan en teorías sobre la identidad divina y la clave de la bienaventuranza. En retrospectiva, los discípulos de Jesús podían ver que Él era "el único Dios que está sentado a la derecha del Padre". Dios el Padre es invisible, pero Dios el Hijo "Lo ha dado a conocer" (Jn. 1:18). Jesús enseñó que Él es el camino, la verdad y la vida (14:6). Los que ponen su confianza personal en Él reciben la salvación que Él hizo posible a través de su muerte (3:16).

# Palestina

## EN TIEMPOS DE JESÚS

Herodes el Grande, que gozaba de la confianza de los romanos, era rey cuando nació Jesús. Pero, cuando murió en el 4 a.C., su cruel hijo Arquelao le sucedió en Judea, y fue pronto echado por los romanos. Otro hijo de Herodes, Herodes Antipas, gobernó Galilea y Perea; fue él quien hizo ejecutar a Juan el Bautista (Marcos 6:14-29). Un tercer hijo de Herodes, Felipe, gobernó Iturea y Traconite desde su capital de Cesarea de Filipos.

Después que Arquelao fue enviado al exilio, Roma gobernó Judea directamente mediante funcionarios llamados procuradores, que vivían en Cesarea, y que solo acudían a Jerusalén para fiestas especiales. El procurador Poncio Pilato estaba temporalmente en Jerusalén cuando condenó a Jesús a muerte (Lucas 22:66—23:25).

# Jesús en Galilea

Jesús dedicó mucho de su ministerio de predicación y de sanidad a Galilea. Aunque esta provincia romana era mayoritariamente judía, también se habían establecido en ella muchos no judíos. Los galileos, con su propio dialecto, eran menospreciados por muchos de los judíos de Jerusalén.

- En tiempos de Jesús, había muchas poblaciones concentradas alrededor del **Mar de Galilea.** Fue mientras navegaba por este lago que Jesús calmó una repentina tempestad (Marcos 4:35-41).
- Jesús fue a vivir a **Capernaum** (Mateo 4:13), y allí sanó al esclavo de un centurión romano (Mateo 8:5-13), a un leproso (Mateo 8:2-4), a la suegra de Pedro (Mateo 8:14-15), a un hombre con un espíritu malo (Marcos 1:21-26) y a un paralítico (Marcos 2:1-12). Jesús predicó en la sinagoga de Capernaum (Marcos 1:21), y allí llamó a Mateo (Mateo 9:9), pagó el tributo del templo (Mateo 17:24), y censuró a la ciudad por su falta de fe (Mateo 11:23).
- En **Corazín** Jesús hizo milagros, y posteriormente censuró a la gente por su falta de fe (Mateo 11:21).
- Jesús también visitó **Betsaida**, donde restauró la vista de un ciego (Marcos 8:22), y se retiró para un tiempo de reposo (Lucas 9:10).
- En **Magdala**, Jesús estaba comiendo en casa de Simón el Fariseo cuando María lo ungió (Lucas 7:36–8:2).
- **Tabga** podría ser el lugar donde el Cristo resucitado se encontró con los discípulos y comió con ellos.
- El **Monte de las Bienaventuranzas** es el monte donde, según la tradición, Jesús enseñó el Sermón del Monte (Mateo 5:1-12).

***Jesús hace muchos milagros aquí, y congrega a sus apóstoles.***

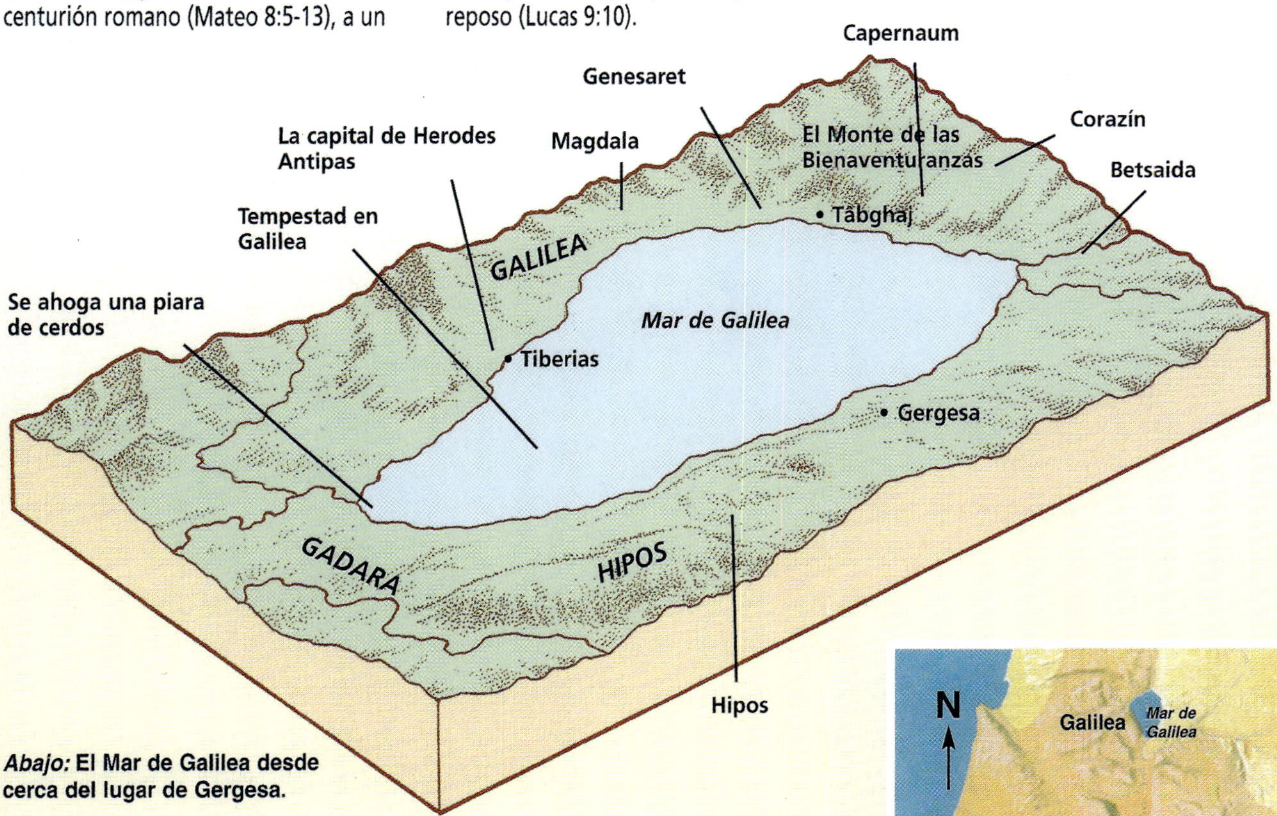


***Abajo:*** **El Mar de Galilea desde cerca del lugar de Gergesa.**

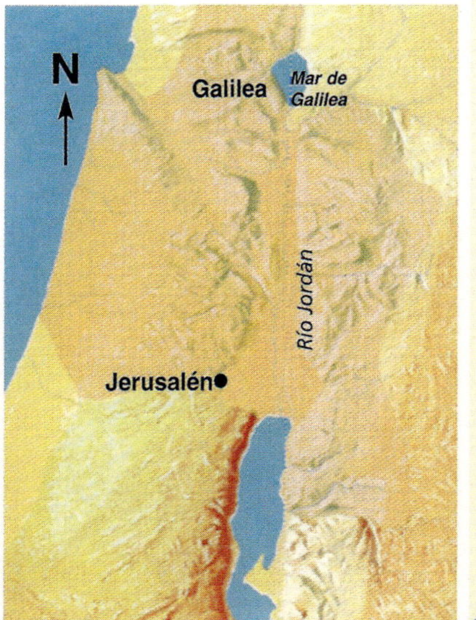

# Jesús, el maestro

Para muchos que no son seguidores de Jesús, Él fue principalmente un gran maestro que hizo exhortaciones morales aplicables universalmente, pero eso es una imagen inadecuada de Jesús por cuatro razones:

1. Enseñar como lo hizo, sin ser quien dijo ser, hubiera significado que estaba demente y era peligroso.
2. Enseñar como lo hizo, sin facilitar la ayuda del Espíritu Santo para capacitar al creyente para obedecer, hubiera hecho su consejo demasiado idealista e inalcanzable.
3. Sus enseñanzas cubrieron temas que fueron más allá de lo meramente ético.
4. Su ministerio no era solo de enseñanza; Él también sanó, expulsó demonios y realizó algunos milagros extraordinarios. De todas maneras, su enseñanza fue importante y radical, y sigue siéndolo hasta el día de hoy.

### Contenido de la enseñanza de Jesús

Es imposible hacerle justicia al contenido de la enseñanza de Jesús en unas pocas líneas. Su tema principal fue el reino de Dios, tanto profetizado como establecido. Él enseñó los valores de este reino y mostró cómo, a menudo, difieren mucho de los valores de este mundo. Al hacerlo, Él afirmó la enseñanza del Antiguo Testamento, pero, en vez de presentar largas listas de reglas adicionales para definir de manera legalista el alcance de esta enseñanza (como hacían muchos de los judíos del tiempo de Jesús), desafió a la gente a examinar los motivos y actitudes detrás de sus acciones.

Jesús enseñó a la gente a valorar las realidades eternas por encima de las preocupaciones temporales, a depender de Dios en oración, a desarrollar la capacidad de discernir y a considerar humildemente las necesidades de los otros.

Tal vez la enseñanza ética de Jesús se resume mejor en dos breves declaraciones. Cuando le preguntaron cuál era el mandamiento más importante, Él respondió: "Amarás al Señor tu Dios con todo tu corazón, y con toda tu alma, y con toda tu mente, y con toda tu fuerza... Amarás a tu prójimo como a ti mismo" (Mr. 12:30-31, y otros pasajes paralelos). Él dijo que la totalidad de la ley escrita del Antiguo Testamento y los escritos de los profetas se basaban en esos dos mandamientos. En otro lado, Él también empleó otro tipo de "declaración general" exhortando a sus oyentes: "Todo cuanto quieran que los hombres les hagan, así también hagan ustedes con ellos" (Mt. 7:12 y Lc. 6:31).

### La enseñanza de Jesús es mucho más que solo ética

Jesús también dio instrucciones concernientes a la misión: la tarea urgente de predicar las buenas nuevas y hacer discípulos de todas las naciones. Finalmente, advirtió a sus oyentes que vendría un tiempo cuando Él regresaría para juzgar. Todos eran llamados (y aún lo somos) no solo a creer en Él y aceptar su oferta de perdón, sino también a demostrar el amor por Él practicándolo en el mundo real. Jesús indicó que, al servir a los

## Las Bienaventuranzas

Bienaventurados (Felices) los pobres de espíritu, pues de ellos es el reino de los cielos.

Bienaventurados los que lloran, pues ellos serán consolados.

Bienaventurados los humildes, pues ellos heredarán la tierra.

Bienaventurados los que tienen hambre y sed de justicia, pues ellos serán saciados.

Bienaventurados los misericordiosos, pues ellos recibirán misericordia.

Bienaventurados los de limpio corazón, pues ellos verán a Dios.

Bienaventurados los que procuran la paz, pues ellos serán llamados hijos de Dios.

Bienaventurados aquellos que han sido perseguidos por causa de la justicia, pues de ellos es el reino de los cielos.

Bienaventurados serán cuando los insulten y persigan, y digan todo género de mal contra ustedes falsamente, por causa de Mí. Regocíjense y alégrense, porque la recompensa de ustedes en los cielos es grande, porque así persiguieron a los profetas que fueron antes de ustedes.

(Mt. 5:3-12)

miembros menos afortunados de la sociedad, estamos sirviéndole a Él (Mt. 25:31-46).

### El estilo de enseñanza de Jesús

Jesús impartió algunas enseñanzas en estilo clásico presentando argumentadas proposiciones de verdad, pero la mayoría de su enseñanza no fue así. Él conocía el poder de las historias, y las usó para presentar lo que quería decir de una manera memorable, que frecuentemente tomaba a sus oyentes por sorpresa con alguna frase clave al final.

Esas historias se llaman parábolas, y Jesús hablaba sobre una cosa a fin de explicar otra. Por ejemplo, contó dos parábolas sobre personas que habían perdido algo y lo mucho que se esforzaron por recuperarlo (una oveja y una moneda), con el propósito de mostrar cuánto se preocupa Dios por los perdidos (Lc. 15). Jesús también contó una parábola sobre un enemigo que inesperadamente ayudó a un hombre herido, a fin de demostrar qué tan ampliamente debemos definir el concepto de "prójimo" (Lc. 10:29-37), y una parábola sobre agricultura para ilustrar las diferentes respuestas a su enseñanza (Mr. 4:1-9 y los pasajes paralelos).

Jesús también enseñó utilizando declaraciones concisas, sugerentes y enigmáticas, que, a menudo, usaban la fórmula: "El reino de Dios es como...". La Biblia nos dice que Él enseñó con autoridad (Mt. 7:29 y Mr. 1:22).

### El escenario de la enseñanza de Jesús

Gran parte de la enseñanza de Jesús tuvo lugar en escenarios rurales, entre la gente común, en vez de entre los maestros de la ley. Si bien impartió algunos bloques de enseñanza más largos, como los sermones (véanse, p. ej., el Sermón del Monte en Mateo 5—7 y el Sermón de la Llanura en Lucas 6), gran parte de su enseñanza fue impartida en escenarios informales, como respuesta a la gente que se le acercaba realizando preguntas. Tampoco fue inusual para Jesús explicar en privado a sus discípulos algo que Él había dicho anteriormente en público (p. ej., Mr. 4:13-20 y los pasajes paralelos).

**Hoy, una basílica se erige sobre la cima del tradicional "Monte de las Bienaventuranzas", con vista al Mar de Galilea.**
***Recuadro interno:* Visitantes descansan sobre las laderas del Monte de las Bienaventuranzas para apreciar la vista del lago.**

# Jesús, el sanador

Un mendigo ciego en la Jerusalén moderna.

Jesús no solo enseñó. A pesar de que muchos le decían "maestro", la mayoría se le acercaba por su don de sanidad. Al parecer, esto no formaba parte de su agenda principal —Él deseaba emplear la mayor parte de su tiempo en enseñar—, pero Jesús tenía autoridad para sanar y fue suficientemente compasivo como para responder a las necesidades humanas cuando estas se presentaban.

## ¿Qué sanó?

Jesús sanó a la gente de una amplia variedad de enfermedades. En los cuatro Evangelios tenemos más de veinte historias de sanación, algunas de individuos y otras de grupos. También hay varios resúmenes que aluden a mucha actividad de sanación, sin dar detalles; frases como: "Y sanó a muchos que estaban enfermos de diversas enfermedades" (Mr. 1:34) o "y sanó a muchos que estaban enfermos" (Mt. 8:16). Las aflicciones específicamente mencionadas incluyen parálisis, lepra, hemorragia crónica, sordera, deficiencia al hablar, ceguera, epilepsia, una espalda encorvada, edema y fiebre.

También tenemos un caso registrado de una oreja cortada que fue restaurada (Lc. 22:51), y tres incidentes donde Él resucitó a muertos: la hija de Jairo (Mr. 5:41), el hijo de la viuda (Lc. 7:14) y Lázaro (Jn. 11:43). Con el último ejemplo, el escritor del Evangelio subraya la certeza del estado del muerto al informarnos que la muerte había ocurrido cuatro días antes de la llegada de Jesús.

## ¿A quién sanó?

A pesar de las declaraciones resumidas que aluden a grandes números de sanaciones no informadas, está claro que Jesús no sanó a todos los enfermos en la región. Gran parte de su actividad de sanación parece estar enfocada en restaurar a la comunidad a quienes estaban excluidos por causa de su enfermedad. Por ejemplo, nadie se acercaría a una persona que tuviera una enfermedad de la piel, por miedo a contaminarse, pero Jesús tocó deliberadamente a un leproso a fin de sanarlo (Mr. 1:40-44 y los pasajes paralelos). Parte del proceso de sanación era visitar al sacerdote para ser declarado limpio y así estar en la posición de poder ser reintegrado a la sociedad.

De la misma manera, se consideraba ritualmente impura a la mujer con hemorragia crónica (Mr. 5:25-34 y los pasajes paralelos); y existía la idea, como se expresa en el debate entre Jesús y los fariseos en Juan 9, que un hombre nacido

Representación artística de Jesús sanando en las estrechas calles de la antigua Jerusalén.

**Una mujer lisiada es llevada a Jesús para sanación en medio de la multitud en una calle de la ciudad; cuadro de J. J. Tissot.**

ciego estaba siendo castigado por algún pecado y, por tanto, se le marginaba. Jesús no solo restauró su vista, sino que le dio la posibilidad de ser aceptado por la sociedad. Jesús también sanó a extranjeros, como el hijo gentil (no judío) del centurión romano (Mt. 8:5-13 y Lc. 7:1-10) y, en la sanación de los diez leprosos, el que volvió a Jesús fue un samaritano (Lc. 17:15).

## ¿Cómo sanó?

Jesús no usó una sola técnica para sanar, y el proceso normalmente era sencillo y sin nada de dramatismo (en una sola ocasión hubo más de un paso). Con frecuencia, Él tocaba a la persona afligida (p. ej., la suegra de Pedro en Mt. 8:15), y algunos fueron sanados con solo tocar el borde su manto (Mt. 14:36 y Mr. 6:56). En una ocasión, la sanación ocurrió de esa manera, cuando una mujer con hemorragia se abrió paso entre la multitud y logró tocar el borde de su manto.

Pero el toque no fue el único medio que Él usó para sanar. En un par de ocasiones, Jesús usó saliva —e incluso lodo— como un tipo de ungüento. Más importante que los métodos utilizados para sanar fueron las palabras que Jesús pronunció. En al menos una ocasión, Jesús declaró el perdón de pecados como parte del proceso de sanación (Mr. 2:5 y los pasajes paralelos).

## ¿Cuándo sanó?

Jesús nunca impuso la sanación a nadie; solo sanaba cuando se le acercaban para que lo hiciera. Jesús le preguntó específicamente al mendigo ciego, Bartimeo, qué quería que hiciera. Jesús felicitaba a los solicitantes por su fe, como en el caso de la mujer con hemorragia a quien dijo: "Hija, tu fe te ha sanado… vete en paz y queda sana de tu aflicción" (Mr. 5:34).

Cuando había ausencia de fe, Jesús hacía pocos milagros, como en Nazaret (Mt. 13:58 y Mr. 6:5). En al menos tres ocasiones, Jesús realizó sanaciones en el día de reposo, aun cuando algunos pensaban que no debería hacerlo porque implicaba trabajo que estaba prohibido. Para Jesús, era más importante hacer el bien que observar las regulaciones.

A veces, lecciones espirituales acompañaban a las sanaciones. Por ejemplo, Jesús declaró que un hombre en particular había nacido ciego "para que las obras de Dios se manifiesten en él" (Jn. 9:3). Después de completar la sanación, Jesús contrastó la capacidad del hombre para ver con la ceguera espiritual de los fariseos.

# Las parábolas de Jesús

**¿Qué es una parábola?**
Las parábolas constituyen alrededor del 35 por ciento de los dichos registrados de Jesús, de modo que es importante comprenderlas. Jesús emplea una y otra vez ilustraciones tomadas de la vida cotidiana, pero las parábolas no son meras ilustraciones introducidas en su predicación: son la predicación misma. Aunque las ilustraciones están tomadas de objetos y acontecimientos familiares, incluyen a menudo la exageración y la conducta inesperada.

**El reino**
Las parábolas se centran en Dios y su reino, y con ello revelan qué clase de Dios es Él, la manera en que obra, y lo que espera de los seres humanos. Debido a que muchas de las parábolas se centran en el reino, algunas revelan también aspectos de la misión de Jesús. Las parábolas también tienen el propósito de plantear un reto y de llamar a una decisión; se cuentan para llevar al oyente a admitir un punto que no había considerado de momento como relacionado con él mismo.

Pero también leemos en Marcos 4:10-12 que Jesús enseñó mediante parábolas para ocultar su mensaje. Algunas distan de ser evidentes, y al enseñar de esta manera Jesús pudo ocultar su mensaje de los que le eran hostiles. Enseñar mediante parábolas era también a menudo una ayuda para la memoria, y podían servir para eludir la resistencia en los oyentes de Jesús.

Las siguientes son las parábolas de Jesús acerca del reino:

| Parábolas del reino | Mateo | Marcos | Lucas |
|---|---|---|---|
| El sembrador | 13:3-9, 18-23 | 4:3-9, 13-20 | 8:5-8, 11-15 |
| La semilla que crece | | 4:26-29 | |
| La cizaña | 13:24-30, 36-43 | | |
| La semilla de mostaza | 13:31, 32 | 4:30-32 | 13:18, 19 |
| La levadura | 13:33 | | 13:20, 21 |
| La perla | 13:45, 46 | | |
| El tesoro escondido | 13:44 | | |
| La red | 13:47-50 | | |
| Los hijos mal dispuestos | 11:16-19 | | 7:31-35 |
| La higuera estéril | | | 13:6-9 |
| Los viñadores | 20:1-16 | | |
| Los dos hermanos | 21:28-32 | | |
| La fiesta de bodas del rey | 22:1-14 | | |
| La gran cena | | | 14:16-24 |
| Los labradores malvados | 21:33-46 | 12:1-12 | 20:9-19 |
| La oveja perdida | 18:12-14 | | 15:3-7 |
| La moneda perdida | | | 15:8-10 |
| El hijo pródigo | | | 15:11-32 |
| Los dos deudores | | | 7:41-47 |
| El fariseo y el publicano | | | 18:9-14 |
| El rico y Lázaro | | | 16:19-31 |
| Los siervos vigilantes | | | 12:35-40 |
| Las diez vírgenes en una boda | 25:1-13 | | |
| El siervo negligente | 24:45-51 | | 12:42-46 |
| Los cinco talentos | 25:14-30 | | |
| Las diez minas | | | 19:11-27 |
| El rico insensato | | | 12:16-21 |
| El buen samaritano | | | 10:25-37 |
| El siervo implacable | 18:23-35 | | |
| El amigo molesto | | | 11:5-8 |
| El mayordomo injusto | | | 16:1-13 |

# Los milagros de Jesús

Se precisa de tres cosas para que un milagro sea auténtico: el acontecimiento ha de ser visible, el acontecimiento ha de ir más allá de los poderes de la naturaleza, y el acontecimiento ha de ser una señal de un mensaje divino.

Jesús hizo muchos milagros o señales. Éstos exhiben su poder, su amor para con los demás y su deseo de ayudar. Los milagros de Jesús explicaron su misión, revelaron su divinidad, demostraron que era el Mesías y comenzaron la renovación del mundo.

**Los milagros en el Evangelio de Juan**
El Evangelio de Juan registra siete milagros, aparte de la muerte y de la resurrección de Jesús. Juan seleccionó unos milagros determinados para ayudar a sus lectores a ver a Jesús como el Hijo de Dios y para mostrar la necesidad de confiar en Él.

| Curaciones | Mateo | Marcos | Lucas | Juan |
|---|---|---|---|---|
| El hijo del oficial del rey | | | | 4:46-54 |
| El enfermo del estanque | | | | 5:1-18 |
| El hombre en la sinagoga | | 1:21-28 | 4:31-37 | |
| El leproso | 8:1-4 | 1:40-45 | 5:12-16 | |
| El siervo del centurión | 8:5-13 | | 7:1-10 | |
| El hijo muerto de la viuda | | | 7:11-15 | |
| La suegra de Pedro | 8:14, 15 | 1:29-31 | 4:38, 39 | |
| Un poseído incontrolable | | 5:1-20 | 8:26-39 | |
| Un paralítico | 9:1-8 | 2:1-12 | 5:17-26 | |
| Una mujer con hemorragia | 9:20-22 | 5:25-34 | 8:43-48 | |
| Una muchacha muerta | 9:18-26 | 5:21-43 | 8:40-56 | |
| Un mudo | 9:32-34 | | | |
| El hombre de la mano seca | 12:9-14 | 3:1-6 | 6:6-11 | |
| Hombre ciego y mudo | 12:22, 23 | | 11:14 | |
| La hija de la cananea | 15:21-28 | 7:24-30 | | |
| Hombre sordomudo | | 7:31-37 | | |
| El ciego en Betsaida | | 8:22-26 | | |
| Muchacho epiléptico | 17:14-20 | 9:14-29 | 9:37-43 | |
| El ciego Bartimeo | | 10:46-52 | 18:35-43 | |
| Mujer encorvada | | | 13:10-17 | |
| El hombre hidrópico | | | 14:1-6 | |
| El ciego de nacimiento | | | | 9:1-41 |
| Lázaro, el amigo muerto | | | | 11:1-44 |
| La oreja del siervo | | | 22:49-51 | |
| La multitud en Capernaum | 8:16, 17 | 1:32-34 | 4:40, 41 | |
| Dos ciegos | 9:27-31 | | | |
| La multitud junto al Mar de Galilea | | 3:7-12 | | |
| La multitud en las laderas de Galilea | 15:29-31 | | | |
| Diez hombres | | | 17:11-19 | |
| **Control sobre las leyes de la naturaleza** | | | | |
| El agua cambiada en vino | | | | 2:1-11 |
| Una pesca milagrosa | | | 5:1-11 | |
| Jesús calma una tempestad | 8:23-27 | 4:35-41 | 8:22-25 | |
| Alimentación de 5.000 | 14:13-21 | 6:30-44 | 9:10-17 | 6:1-15 |
| Jesús camina sobre el agua | 14:22-33 | 6:45-52 | | 6:16-21 |
| Alimentación de los 4.000 | 15:32-39 | 8:1-10 | | |
| Un pez y el pago del tributo | 17:24-27 | | | |
| La higuera se seca | 21:18-22 | 11:12-14, 20-24 | | |
| Otra pesca milagrosa | | | | 21:1-11 |
| Cristo vence la muerte | 28:1-10 | 16:1-11 | 24:1-12 | 20:1-18 |

# La sinagoga

En tiempos de Jesús había al menos una sinagoga en casi cada ciudad y pueblo (Lucas 4:14-30). Los judíos comenzaron a celebrar servicios en las sinagogas durante la cautividad, cuando no tenían acceso al templo. Las sinagogas desarrollaron su propia forma de servicio, paralelo al del templo.

Había servicios en la sinagoga cada sábado, y en los días festivos judíos. La sinagoga se abría también para la oración tres veces al día.

En la estancia principal de la sinagoga había un candelero de siete brazos, o Menorá, y una lámpara de eternidad.

Durante el culto había oraciones, lecturas de las Escrituras, y alabanza.

Los sagrados rollos de la Ley (la *Torá*) se guardaban en un armario especial.

A veces, en edificios mayores, había un patio con estancias pequeñas a su alrededor edificadas en la estructura principal.

## Las mujeres y los niños

Las mujeres y los niños solo se admitían en la galería de la sinagoga.

***Arriba*: La sinagoga de Capernaum del cuarto siglo ha sido excavada cuidadosamente y parcialmente reconstruida.**

***Abajo:* Un corte de una sinagoga de cerca de los tiempos de Jesús.**

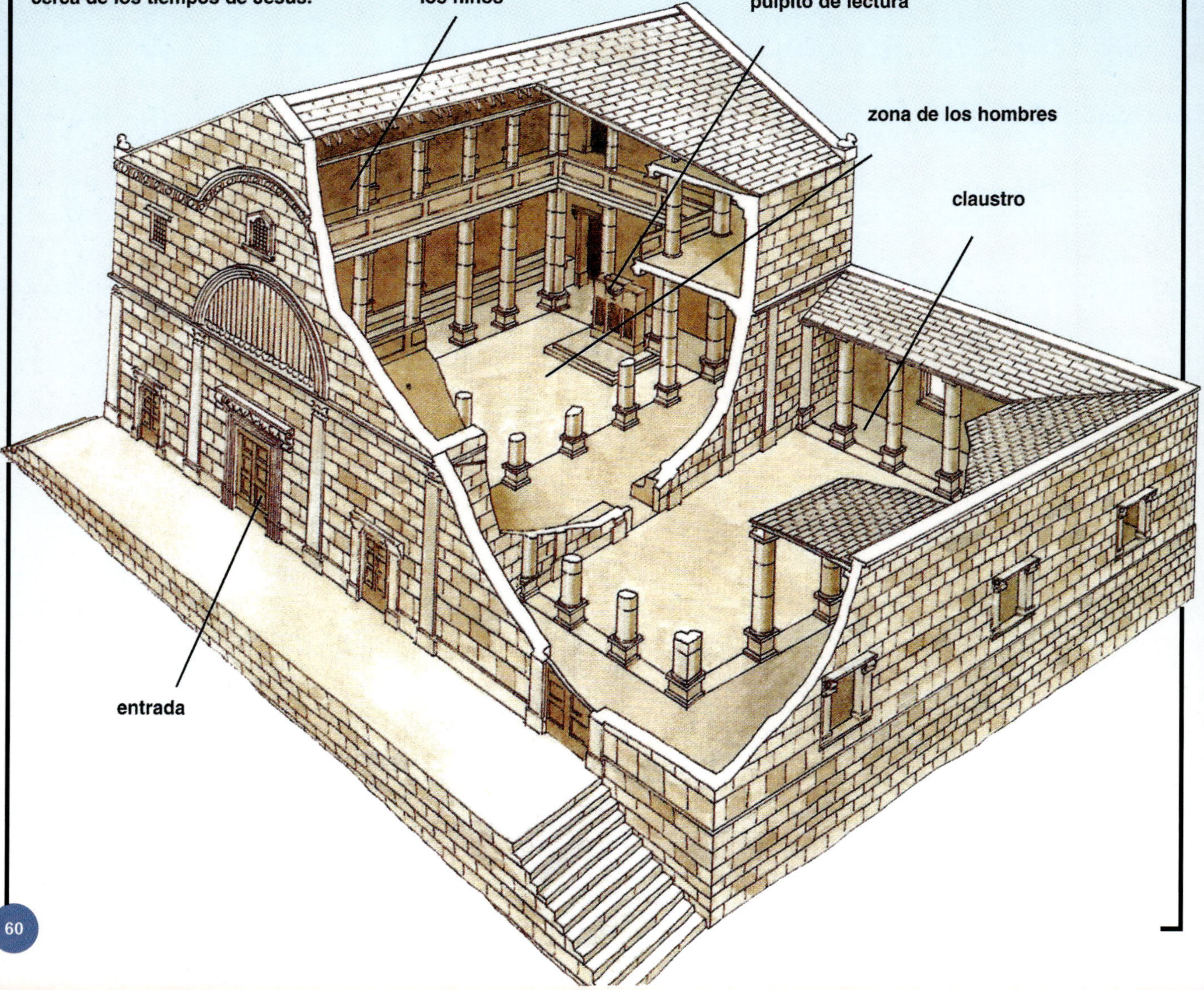

# El templo de Herodes

Alrededor del 20 a.C., Herodes el Grande emprendió la reconstrucción del templo en Jerusalén. Primero, se dobló de tamaño el área del Monte del Templo sobre el que se levantaba el templo, en una enorme operación de movimiento de tierras.

El nuevo templo era magnífico, construido de mármol blanco, y decorado con oro. Su plan era similar al del templo de Salomón, con el lugar santo y el lugar santísimo en el interior, este último solo visitado una vez al año, y únicamente por el sumo sacerdote.

Aunque cualquiera podía entrar en el patio de los gentiles, exterior, solo los judíos eran admitidos en los patios interiores. El patio de los gentiles era un lugar de mercado, donde los visitantes compraban y vendían, y cambiaban su dinero a monedas especiales necesarias para las ofrendas y para el tributo del templo (Marcos 11:15-17). En el 70 d.C, el templo fue destruido, como Jesús predijo en Mateo 24:2, y solo una parte del muro exterior quedó en pie, el Muro de las Lamentaciones.

***Abajo:*** **Fotografía del magnífico y preciso modelo a escala del templo de Herodes, construido por Alec Garrard de Norfolk, Inglaterra.**

**Con permiso de A. Garrard**

# Jerusalén

## LOS ÚLTIMOS DÍAS DE JESÚS

**Sábado:** Cena en Betania.

**Domingo:** Entrada triunfal en Jerusalén, a lomos de un asno (Marcos 11).

**Lunes:** Jesús limpia el templo de los cambistas y de mercaderes (Marcos 11).

**Martes:** Jesús enseña en el templo (Juan 12). Judas acuerda entregar a Jesús a los principales sacerdotes.

**Miércoles:** Día tranquilo en Betania.

**Jueves:** La última cena* con los doce apóstoles en un aposento alto en Jerusalén. Después de la comida, Jesús los lleva al Huerto de Getsemaní, a través del Valle del Cedrón, para orar. Es arrestado después que Judas lo traiciona con un beso (Mateo 26).

**Viernes:** Jesús es juzgado ante los principales sacerdotes (Mateo 26), y es luego llevado al sanedrín, el tribunal de los judíos. Luego, es llevado a juicio ante Poncio Pilato (Lucas 23), que lo envía a Herodes para ser juzgado. Finalmente, después que Pilato ha condenado a muerte a Jesús, es llevado al Gólgota, el lugar de crucifixión (Marcos 15). Después que su cuerpo ha sido bajado de la cruz, Jesús es sepultado en el sepulcro de un rico judío, José de Arimatea (Lucas 23).

**Domingo:** Los discípulos ven al Cristo resucitado en Jerusalén (Lucas 24).

*Celebraban la Pascua judía para conmemorar la liberación del pueblo de Dios de la esclavitud en Egipto.

**Jerusalén desde el Monte de los Olivos**

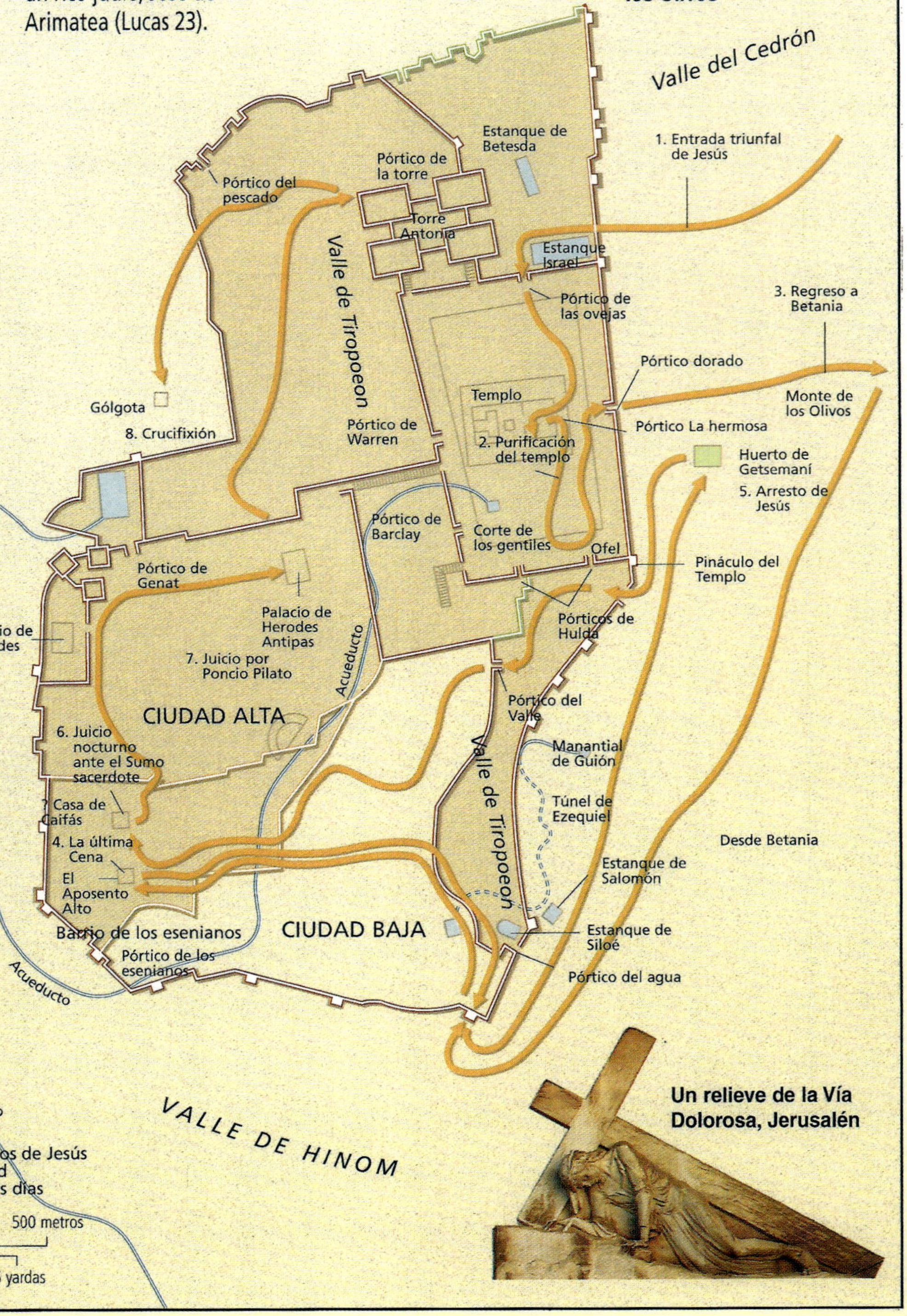


**Un relieve de la Vía Dolorosa, Jerusalén**

# La resurrección de Jesús

## SUS APARICIONES

Los Evangelios no describen la resurrección misma, pero sí narran los encuentros de muchas personas con el Cristo resucitado. Muchos testigos dignos de confianza declararon haber visto vivo a Jesús después de su muerte (1 Corintios 15:3-8).

**María**

***Arriba:*** **El sepulcro del huerto, Jerusalén; probablemente similar al sepulcro en el que Jesús fue sepultado.**

**María Magdalena**

**Las personas siguientes se encontraron con el Cristo resucitado.**

**1.** María Magdalena (Juan 20:11-18).

**2.** Simón Pedro (Lucas 24:34).

**3.** Dos que iban a Emaús (Lucas 24:13-33).

**4.** Los discípulos — excepto Tomás (Juan 20:19-23).

**5.** Los discípulos — incluso Tomás (Juan 20:24-29).

**6.** María Magdalena y "la otra María" (Mateo 28:1-10).

**7.** Los apóstoles en Galilea (Mateo 28:16-17).

**8.** Siete discípulos junto al Mar de Tiberias (Juan 21:1-14).

**9.** Más de quinientos de sus seguidores (1 Corintios 15:6).

**10.** Jacobo (1 Corintios 15:7).

**11.** Sus discípulos (Hechos 1:4-9).

**12.** Pablo (Hechos 9:1-9).

**La azotea de la iglesia del Santo Sepulcro, Jerusalén.**

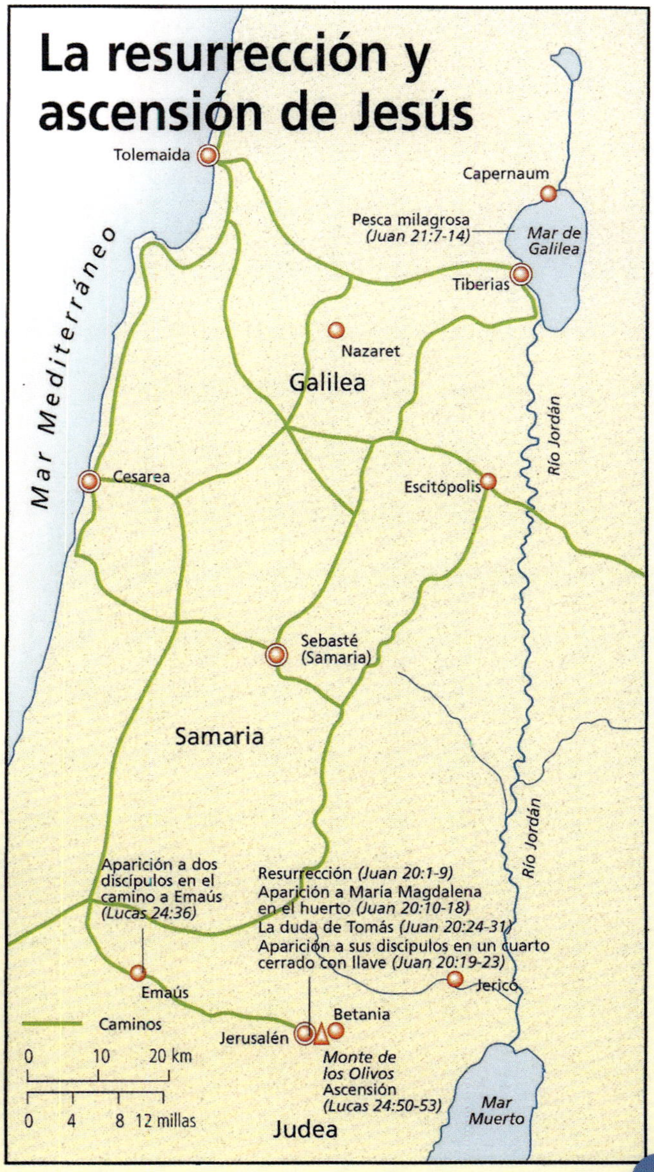

# Jesús resucita de entre los muertos

## Pablo sobre la resurrección

Porque yo les entregué en primer lugar lo mismo que recibí: que Cristo (el Mesías) murió por nuestros pecados, conforme a las Escrituras; que fue sepultado y que resucitó al tercer día, conforme a las Escrituras; que se apareció a Cefas (Pedro) y después a los doce. Luego se apareció a más de 500 hermanos a la vez, la mayoría de los cuales viven aún, pero algunos ya duermen (murieron).

(1 Co. 15:3-6)

### Jesús vuelve de entre los muertos

A pesar de las cosas asombrosas que hizo Jesús mientras estaba vivo, la parte de su historia más extraordinaria y, sin duda, más importante no llegó hasta después de su muerte. Jesús murió un viernes, el día anterior al día de reposo. Después del día de reposo, bien temprano en la mañana, dos mujeres que apoyaban su ministerio se dirigieron a la tumba y fueron recibidas por una visión extraordinaria. La piedra, que sellaba la entrada de la tumba, estaba a un lado y la tumba estaba vacía. Ellas vieron una figura, descrita como un ángel o como un hombre con una vestimenta blanca deslumbrante, que les dijo que Jesús se había levantado de entre los muertos (Mr. 16:1-8 y los pasajes paralelos).

Los escritores de los Evangelios luego registran diversas apariciones en un período de varias semanas. Jesús se apareció ante los discípulos atemorizados que estaban escondidos en un cuarto cerrado; Él se les apareció mientras pescaban; se les apareció a dos discípulos abatidos que iban de Jerusalén a la cercana villa de Emaús, y les explicó cómo todas las cosas que recién le habían sucedido eran conformes con las promesas de las Escrituras. Incluso, Él se apareció en una ocasión a un conjunto de quinientas personas (1 Co. 15:6). Las descripciones que tenemos de Jesús en esos momentos sugieren que su cuerpo era muy real, aunque también singular. Aún tenía las heridas de su muerte violenta, comía, no siempre era reconocible, y parece que era capaz de atravesar puertas cerradas.

### ¡No puede ser!

¿Realmente se levantó Jesús de entre los muertos? Este es el fundamento más importante de la fe cristiana y, sin embargo, no sorprende que a lo largo de los siglos hayan existido personas determinadas a negar que realmente sucedió. Pero todas las explicaciones alternativas se desmoronan.

1. Algunos dicen que Jesús no murió realmente, sino que simplemente se desmayó y luego se recuperó, pero esta explicación no tiene en cuenta la violencia ejercida al cuerpo muerto de Jesús (Jn. 19:34), ni el problema de cómo un hombre, que ha estado inconsciente por dos días, podría mover de repente la enorme piedra que sellaba la entrada.

2. Otros piensan que quizá los discípulos de Jesús robaron su cuerpo, pero, para tal proeza, haría falta vencer o sobornar a soldados romanos entrenados y, seguramente, se haría con un apuro que no permitiría sacar la ropa de sepultura y doblarla prolijamente como la encontraron las mujeres. Además, sabiendo que era un fraude, ¿aceptarían los discípulos sufrir toda clase de dificultades y humillaciones por proclamar la resurrección?

3. Algunos sugieren que los discípulos estaban alucinando cuando vieron a Jesús, pero Él apareció de varias formas a un gran número de personas, algo que no parece apoyar una teoría de

**Peregrinos alrededor de la tumba del jardín en Jerusalén recuerdan la resurrección de Jesús.**

**Capilla de la ascensión, Monte de los Olivos, Jerusalén.**

**Cúpulas características de la Iglesia del Santo Sepulcro, Jerusalén.**

alucinación. Si fueran alucinaciones, las autoridades podrían haber exhibido el cuerpo a fin de cortar este problemático nuevo movimiento desde el principio.

Las historias sobre la resurrección de Jesús tienen un aire de autenticidad, empezando por el hecho de que, si alguien quisiera inventar algo, hubiera hecho algo que fuera fácil de defender. Por ejemplo, el testimonio de las mujeres no tenía ningún peso en aquel tiempo y en aquella cultura, así que, ¿por qué hacer que los primeros testigos fueran mujeres si no fuera realmente lo que pasó? La razón por la que muchos tratan de refutar con tanta fuerza la resurrección es por las enormes implicaciones que tiene esa verdad.

## ¿Qué significa?

¿Qué importancia tiene la muerte y resurrección de Jesús? Los teólogos han debatido esto por siglos y han llegado a una variedad de respuestas, la mayoría de ellas probablemente con cierto grado de verdad. El hecho más importante era que Jesús, un ser humano sin pecado, estaba pagando el castigo por la vida pecaminosa del resto de la humanidad, permitiendo así que Dios recibiera a la gente pecadora en una relación personal con Él. Pero parece que Él hizo mucho más

**Esta tumba en Jerusalén de la familia de Herodes tiene como puerta una piedra rodante similar a la tumba donde Jesús fue sepultado.**

que eso. Su muerte fue un pago de rescate (Mt. 20:28 y Mr. 10:45) para comprar la libertad del pecado, una revelación del amor de Dios y un ejemplo supremo de amor sacrificial. Al levantarse de entre los muertos, Él venció a la muerte misma.

## Partida final

El período de apariciones llegó a su fin después de cuarenta días. En aquel momento, Jesús instruye a sus discípulos a hacer discípulos de la gente de todo el mundo, bautizarlos y enseñarles, seguros en el conocimiento de que Él estaría con ellos por medio de su Espíritu. El relato de Lucas dice que Jesús les dijo que primero esperaran, a fin de recibir el poder del Espíritu Santo. Por tanto, la historia de Jesús no solo continúa después de su muerte, sino también después de su ascensión.

# Los discípulos de Jesús

**Llamado al discipulado**

Vengan conmigo, y Yo haré que ustedes sean pescadores de hombres.

(Marcos 1:17)

Jesús raramente estaba solo; dondequiera que iba una multitud se congregaba alrededor de Él. Algunos se le oponían activamente. Algunos estaban allí simplemente porque querían obtener algo de Él; como la sanación. Otros querían escuchar lo que Jesús decía y apoyaban su ministerio. El grupo de los que lo rodeaban y seguían estaba compuesto de un número indeterminado, pero Jesús eligió a doce seguidores como sus discípulos especiales.

## El privilegio del discipulado

Era inusual que un maestro eligiera a sus discípulos. Normalmente, los alumnos elegían al maestro que querían seguir, pero Jesús llamó a sus discípulos de sus diferentes ocupaciones, y de inmediato lo siguieron (p. ej., Mt. 4:18-22 y Mr. 1:16-20).

Después de elegir a sus discípulos, Jesús invirtió una gran cantidad de tiempo y energía emocional en ellos. Él les permitió presenciar milagros y sanaciones extraordinarias; también se retiraba con ellos para descansar y refrescarse (p. ej., Mr. 6:32) y les impartió más enseñanza que a cualquier otro.

Jesús hizo eso de dos maneras. Primero, les impartió algunas porciones de enseñanza exclusivamente para ellos, y, segundo, a veces les explicó con más detalles y en privado lo que había dicho a las multitudes en público. Por ejemplo, la explicación de la parábola del sembrador fue dada solo a sus discípulos (en esa ocasión, fueron más que solo los doce) cuando le pidieron que la explicara (Mr. 4:13-20). Quizá ellos le habrían oído contar la historia varias veces y todavía no comprendían su significado.

También había un círculo íntimo de discípulos. Simón Pedro, Jacobo y Juan formaban el grupo de más confianza de Jesús. Este grupo estuvo presente en la transfiguración de Jesús (Mr. 9:2-9), y Jesús acudió a este grupo en su momento de mayor necesidad en Getsemaní (Mt. 26:26-46 y Mr. 14:32-42). Dentro de este grupo, Pedro se destacaba. En los relatos de los Evangelios, Pedro es, con diferencia, el personaje más desarrollado de los doce y se reproduce mucho de lo que él habla, frecuentemente como vocero de los otros discípulos.

**Un pescador arroja su red en el Mar de Galilea.**

**La cima coronada de nubes del monte Hermón, posible lugar de la transfiguración de Jesús.**

## El costo del discipulado

El discipulado tenía también un costo. Los discípulos abandonaban sus familias, sus ocupaciones y toda seguridad para seguir a Jesús. Él les aseguró que su recompensa por abandonar todas esas cosas sería grande (Mr. 10:29-20 y los pasajes paralelos), pero, al decirles eso, subrayó el alcance de lo que dejaban atrás, e incluso sugirió que una de las recompensas sería la persecución.

Jesús requería que sus discípulos consideraran cuidadosamente el costo de seguirlo (Lc. 14:27-28); la lealtad hacia Él debía estar

**Jesús enseña a los doce en la campiña de Galilea; cuadro de J. J. Tissot.**

por encima de todo lo demás (Mt. 10:37-38 y Lc. 14:25-26). Él señaló que las prioridades del reino no eran las mismas que las prioridades del mundo. Él declaró que, si alguien decidía "perder" su vida por causa de Él, en realidad terminaría salvándola (Mr. 8:35 y los pasajes paralelos).

## Éxito y fracaso

Los discípulos de Jesús confiaban en su Señor y, aparentemente, gozaron de un éxito temprano en su ministerio. Cuando Jesús los envió a una misión por su cuenta, ellos regresaron después de predicar las buenas nuevas, expulsar demonios, y sanar a los enfermos, como hacía Jesús (Mr. 6:13 y Lc. 9:6). Además, Simón Pedro fue el primero en reconocer que Jesús era el Mesías (Mr. 8:29).

Sin embargo, el retrato completo de los discípulos no era halagador. Primero, ellos no parecían comprender completamente lo que Jesús trataba de decirles. Esto se puede ver más claramente en dos ocasiones, cuando Jesús predijo lo que le pasaría en Jerusalén. Él subrayó la manera en que su camino sería el sendero de sufrimiento y humildad. Sin embargo, los discípulos estaban más interesados en saber cuál de ellos era el más importante (Mr. 9:34 y los pasajes paralelos), y quién recibiría privilegios especiales de Jesús en la gloria (Mr. 10:37).

Segundo, cuando la situación se puso difícil, los discípulos se esfumaron. A pesar de afirmar que le serían fieles hasta el fin, Judas lo traicionó, Pedro lo negó, y el resto lo abandonó y huyó.

En retrospectiva, sabemos que Pedro se arrepintió y fue perdonado y restaurado (Jn. 21). También sabemos que los otros discípulos continuaron sirviendo a Jesús aun después de su muerte. Muchos eruditos creen que al presentar un retrato de los discípulos con defectos y todo, los escritores de los Evangelios (Marcos, en especial) han incentivado a todos los futuros seguidores de Jesús: los discípulos no fueron superhombres, sino personas comunes y corrientes, transformadas por su encuentro con Jesús.

### El costo del discipulado

Si alguien quiere venir conmigo, niéguese a sí mismo, tome su cruz, y sígame.

(Mr. 8:34)

# El legado de Jesús

Cristianos en la *Vía Dolorosa,* un Viernes Santo, en Jerusalén.

**Los discípulos reciben el poder del Espíritu Santo**

Recibirán poder cuando el Espíritu Santo venga sobre ustedes; y serán Mis testigos en Jerusalén, en toda Judea, en Samaria, y hasta los confines de la tierra.

(Hch. 1:8)

Anteriormente vimos que la muerte de Jesús no marcó el fin de su vida, pues Él resucitó de entre los muertos y protagonizó una serie de apariciones en un período de cuarenta días, antes de ascender al cielo y sentarse a la "diestra del poder de Dios" (Lc. 22:69). Pero tampoco ese fue el fin.

## Sigue vivo a través de sus discípulos

Jesús invirtió mucho en sus discípulos y les ordenó continuar su enseñanza. Al hacerlo, enfocaron gran parte de la enseñanza en las implicaciones de la muerte y resurrección de Jesús, llamando a sus oyentes a arrepentirse, ser bautizados y convertirse en seguidores de Jesús.

La continuación del Evangelio de Lucas, el libro de los Hechos, subraya el éxito del nuevo movimiento (p. ej., Hch. 2:47; 6:7; 9:31). Los discípulos no solo continuaron predicando y enseñando, sino, como Jesús había predicho (Jn. 14:12), también realizaron milagrosos actos de sanación. Por ejemplo, en el nombre de Jesús, Pedro y Juan sanaron a un mendigo que había sido inválido desde su nacimiento (Hch. 3:6), y algunas personas se sanaron de enfermedades y opresión demoníaca por tocar, simplemente, un paño que el apóstol Pablo había tocado (Hch. 19:12).

Mientras estaban con Jesús, estos individuos eran conocidos como discípulos, lo que reflejaba su estatus como aprendices. Luego, eran conocidos como apóstoles ("enviados"), porque Jesús los "envió" al mundo. Estos hombres sencillos, que cometieron muchos errores cuando seguían a Jesús, se convirtieron en héroes aparentemente temerarios. Aunque tuvieron que soportar grandes aflicciones por la causa y muchos murieron por su fe, se mantuvieron firmes.

## Sigue vivo a través del Espíritu Santo

Los discípulos fueron transformados a través del Espíritu Santo. Jesús les dijo que el Padre enviaría a uno como Él —el Espíritu Santo— para estar con ellos, continuar enseñándoles y darles poder (véase Jn. 14—16). Jesús lo llamó un *parakletos*, un ayudador, consolador, abogado, uno llamado para asistirlos.

Cuando Jesús se fue, instruyó a los discípulos a permanecer en Jerusalén para recibir este poder (Hch. 1:4) y, poco tiempo después, todos fueron llenos del Espíritu Santo (Hch. 2:4). Es importante reconocer que este Espíritu no era una fuerza difusa, sino el Espíritu de Jesús (Hch. 16:7). Él siguió involucrándose íntimamente en todo lo que hacían.

## Sigue vivo a través de la Iglesia

A medida que más y más personas se convirtieron en seguidores de Jesús, el movimiento sobrepasó sus raíces judías y aceptó a los no judíos (gentiles). Esto, combinado con la magnitud y la expansión geográfica de quienes ahora se llamaban a sí mismos "cristianos", llevó a varias complicaciones y disputas. Apóstoles como Pablo y Pedro escribieron cartas a grupos de cristianos (llamados "iglesias"), para instruirlos y resolver estos asuntos, y los escritores de los Evangelios decidieron escribir relatos de la vida de Jesús.

Al final, estas cartas y relatos se recopilaron en una colección de veintisiete documentos que llamamos el Nuevo Testamento. Este libro ha sido la fuente primaria de inspiración para los cristianos desde entonces. En todos estos desarrollos, la promesa de Jesús sigue siendo la misma: "Donde están dos o tres reunidos en Mi nombre, allí estoy Yo en medio de ellos" (Mt. 18:20).

## Sigue vivo hasta el fin

La visión de Jesús de los tiempos finales se basaba en la expectativa judía. Habría una resurrección de los muertos y un juicio, con recompensas para los justos y castigo para los impíos. La única diferencia tenía que ver con su rol. En lenguaje apocalíptico, Jesús describió a sus discípulos las aflicciones, los

## ¿De dónde vinieron todos el día de Pentecostés?

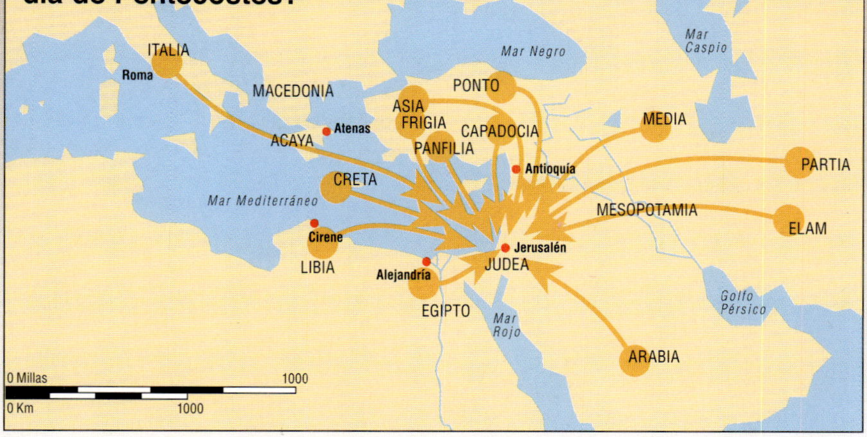


## Jesús comisiona a los discípulos

Vayan, pues, y hagan discípulos de todas las naciones, bautizándolos en el nombre del Padre y del Hijo y del Espíritu Santo, enseñándoles a guardar todo lo que les he mandado; y ¡recuerden (he aquí)! Yo estoy con ustedes todos los días, hasta el fin del mundo.

(Mt. 28:19-20)

## La promesa de Jesús a los discípulos

Donde están dos o tres reunidos en Mi nombre, allí estoy Yo en medio de ellos.

(Mt. 18:20)

desastres naturales, las crisis humanas y las extrañas señales que marcarían los últimos tiempos, y luego predijo que Él vendría en aquel tiempo con gran poder y gloria, para reunir a sus elegidos.

Jesús no dijo cuándo sucederían estas cosas, incluso les dijo que Él mismo no conocía el día ni la hora (Mr. 13:32 y los pasajes paralelos). En cambio, en una serie de parábolas y frases, Él los exhortó a permanecer atentos y preparados, y a ser buenos administradores de lo que se les había confiado. Hasta el día de hoy, sigue llamando a los cristianos de todo el mundo a hacer lo mismo.

## El cristianismo, c. 300 d.C.

# Los viajes de las buenas noticias

Después de la venida del Espíritu Santo en el día de Pentecostés, los creyentes en Jerusalén comenzaron a predicar con arrojo y aumentaban diariamente en número (Hechos 2). Los dirigentes judíos intentaron detenerlos, pero de hecho ayudaron a la expansión del joven movimiento (Hechos 4).

**Esteban**, un dirigente de la iglesia en Jerusalén, fue acusado de blasfemia, y los judíos lo mataron apedreándolo (Hechos 6–7). Los creyentes en Jerusalén fueron perseguidos, y muchos huyeron al sur por Judea, al norte hacia Samaria, y al oeste hacia la costa e incluso hasta Chipre (Hechos 8:1-3; 11:19).

**Felipe** se dirigió a Gaza, y bautizó a un dignatario de Etiopía antes de pasar a predicar en las ciudades costeras (Hechos 8:26-40).

**Pedro** viajó a Cesarea, donde vio en una visión que debía llevar el evangelio a los gentiles (Hechos 10).

Al mostrarse con fuerza la persecución de los cristianos por los judíos en Jerusalén, los judíos cristianos se dispersaron hacia el norte. Ellos alcanzaron regiones tan distantes como Antioquía, la tercera ciudad más grande del Imperio Romano y desde la cual Pablo se embarcó en sus viajes misioneros (Hechos 13).

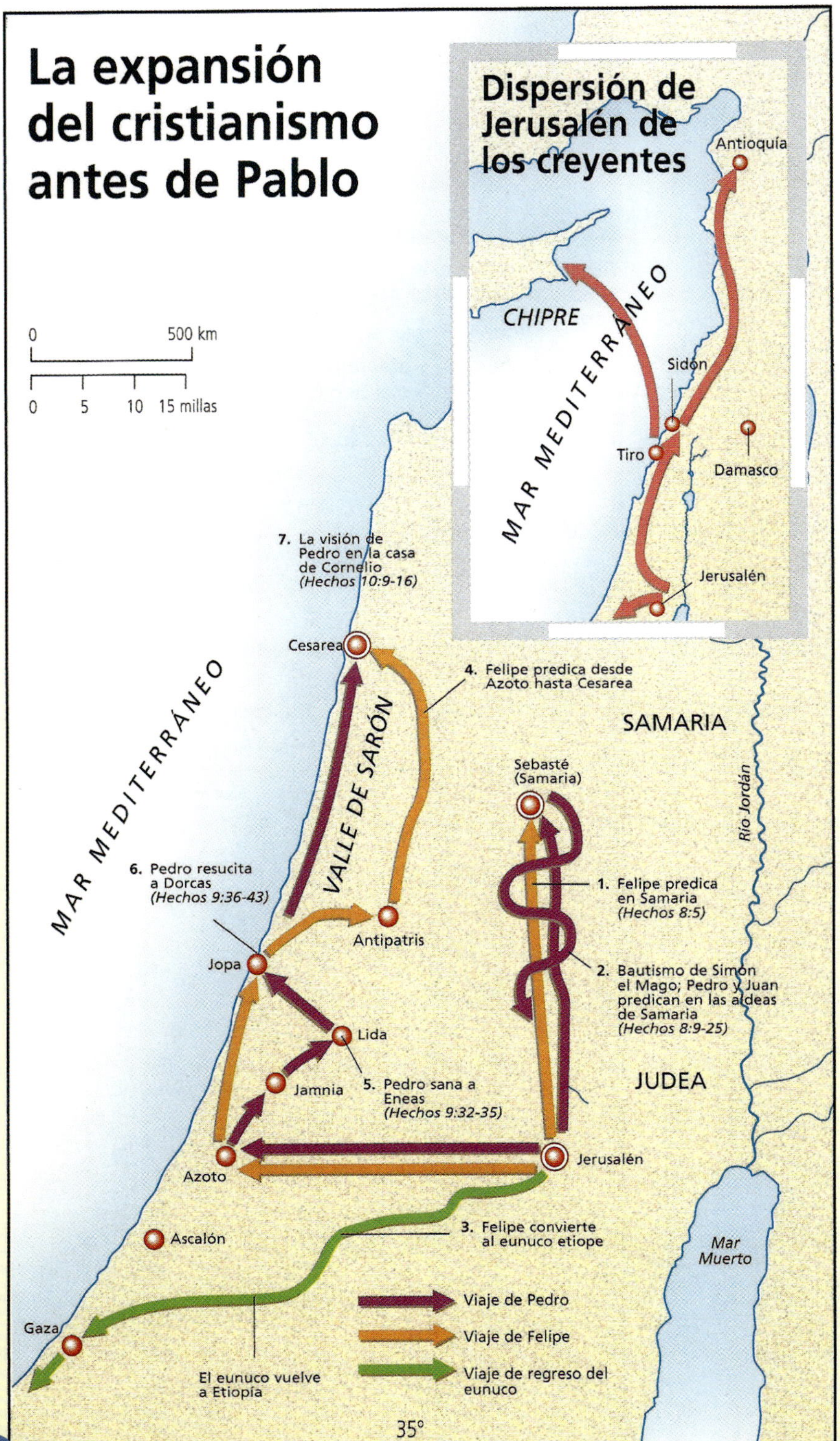


**El viaje de Pablo a Damasco**

Algún tiempo después de la muerte de Esteban, Pablo (Saulo) el fariseo, obtuvo permiso de las autoridades del templo para ir a Damasco y echar mano de los cristianos (Hechos 9:1-2). Fue en el camino que recibió la enceguecedora visión del Cristo resucitado. Después de recibir de nuevo la vista en Damasco por la intervención de Ananás mientras estaba en la calle Derecha, Pablo se convirtió a Cristo y se vio obligado a huir, regresando a Jerusalén (Hechos 9:23-26). Muy pronto se encontró de nuevo en peligro de los judíos helenistas y partió por Cesarea hacia su natal Tarso.

# Los viajes en los tiempos bíblicos

En tiempos de Jesús, la mayoría de la gente viajaba a pie. Los que se lo podían permitir viajaban a caballo o en carruajes tirados por caballos. Palestina es un país agreste y montañoso, difícil para viajar. Los viandantes podían generalmente cubrir de 16 a 20 millas romanas (24 a 30 km.) diariamente. Jesús viajó a pie por Galilea, y Pablo anduvo largas distancias llevando el evangelio a nuevos lugares.

A veces los viajeros eran llevados en sillas que colgaban de barras, portadas a hombros de esclavos. Los ricos viajaban también en carruajes tirados por caballos, y los mercaderes usaban carros pesados para transportar granos y otras mercancías. Los asnos y los mulos también eran útiles para llevar cargas.

**Para la época de Jesús, los romanos construían grandes veleros. Cuando Pablo fue llevado a Roma (Hechos 27), fue en una nave de transporte de trigo que llevaba 276 personas. Esas naves tenían una única vela grande, y eran difíciles de pilotar cuando hacía mal tiempo.**

***Abajo:*** **Un carruaje de pasajeros de la época romana.**

***Arriba:*** **Los ricos podían ser llevados en una litera a hombros de esclavos.**

***Arriba:*** **Un carro de transporte tirado por dos bueyes.**

# Viajes misioneros de Pablo

**Primer viaje de Pablo**
Pablo viajó con Bernabé. Se dirigieron primero a Chipre, de donde era Bernabé, y luego a Asia Menor, predicando allí a donde iban, y dejando tras de ellos comunidades de creyentes (Hechos 13–14).

***Arriba:*** **Hermes (Mercurio). Pablo fue confundido con el mensajero de los dioses cuando él predicó en Listra.**

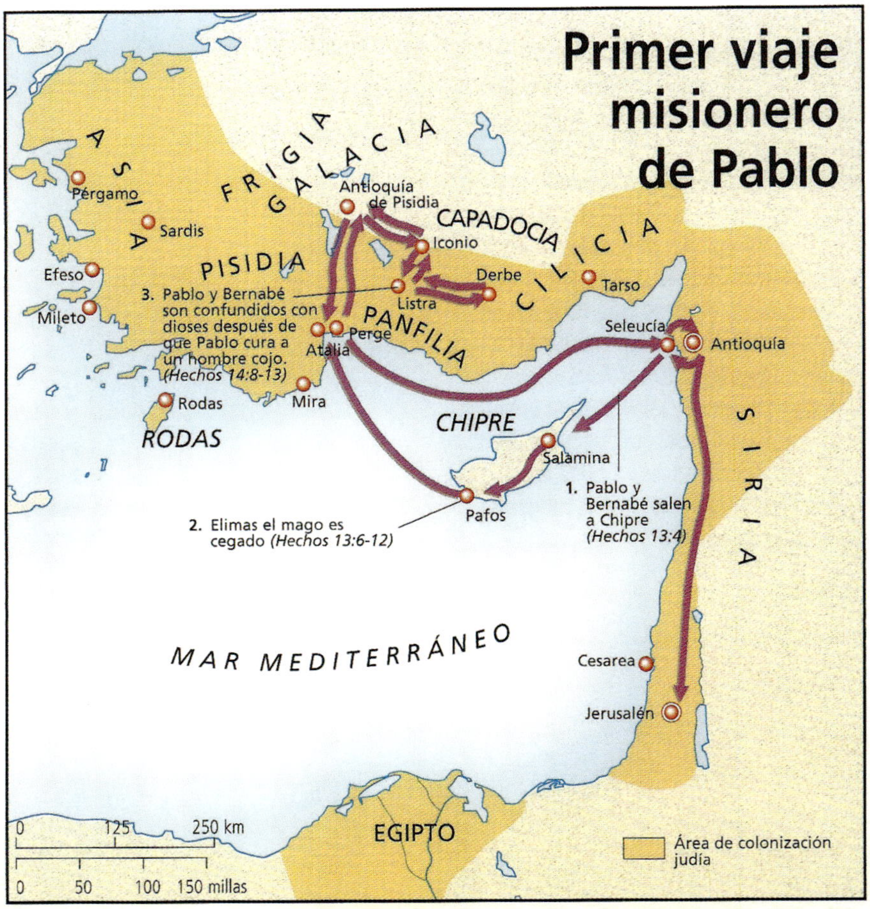


**Segundo viaje de Pablo**
Pablo tomó consigo al joven Timoteo. Volvió a muchos de los lugares que había visitado antes, pero pasó a Grecia, llevando el evangelio a Europa por primera vez. Allí visitó las grandes ciudades de Corinto y Atenas (Hechos 15–18).

***Abajo:*** **La Acrópolis, Atenas, vista desde el Areópago, donde Pablo predicó.**

**Tercer viaje de Pablo**
Pablo se detuvo dos años en la ciudad de Éfeso, trabajando y enseñando la fe. También regresó a lugares que había visitado previamente. Cuando volvió a Jerusalén, fue arrestado y encarcelado durante dos años (Hechos 18–21).

**El viaje a Roma**
En el intento de recobrar su libertad, Pablo apeló a César, y fue enviado a Roma. Después de un accidentado viaje, durante el que sufrió naufragio, llegó por fin a Roma, donde se cree que fue finalmente ejecutado (Hechos 27–28).

***Insertado abajo:*** **El foro antiguo, Roma, centro del poderoso Imperio Romano.**

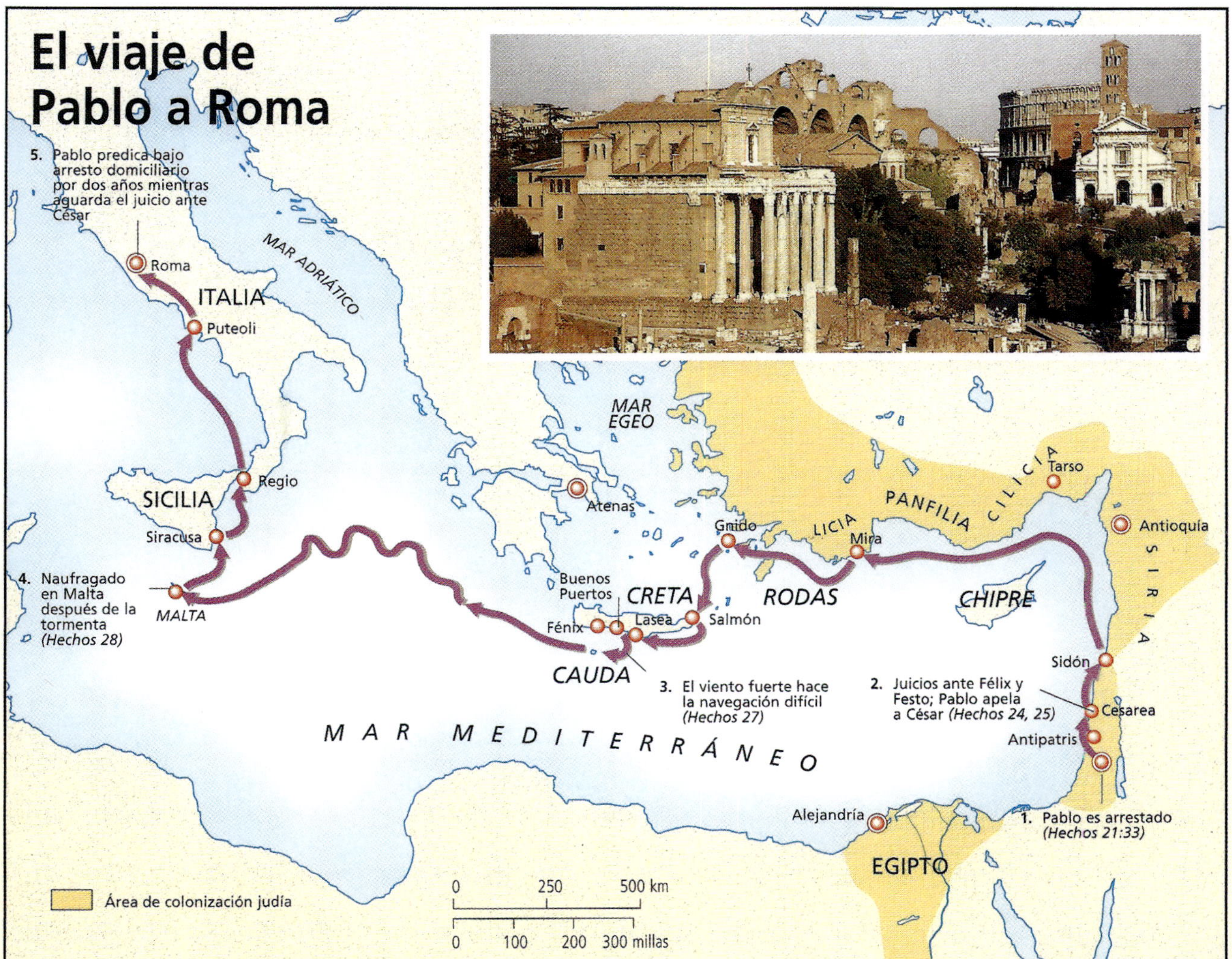

# Las primeras iglesias

**Muchas de las iglesias en Asia Menor fueron fundadas por el apóstol Pablo, ayudado por Bernabé, Silas, Timoteo y otros. Las cartas de Juan a las siete iglesias en Asia Menor están registradas en Apocalipsis 2—3. Hacia el fin del siglo primero habían surgido iglesias por muchos lugares de Asia Menor y por otros lugares alrededor del Mediterráneo.**

Las siete iglesias de Asia Menor
Las fotos muestran la ubicación de cuatro de las siete iglesias a las que Juan dirigió las cartas que encontramos en el libro de Apocalipsis.
Arriba a la izquierda: El trajano, en Pérgamo.
Arriba a la derecha: El gimnasio, en Sardis.
Debajo a la izquierda: Laodicea.
Debajo a la derecha: El foro, en Esmirna (la moderna Izmir),

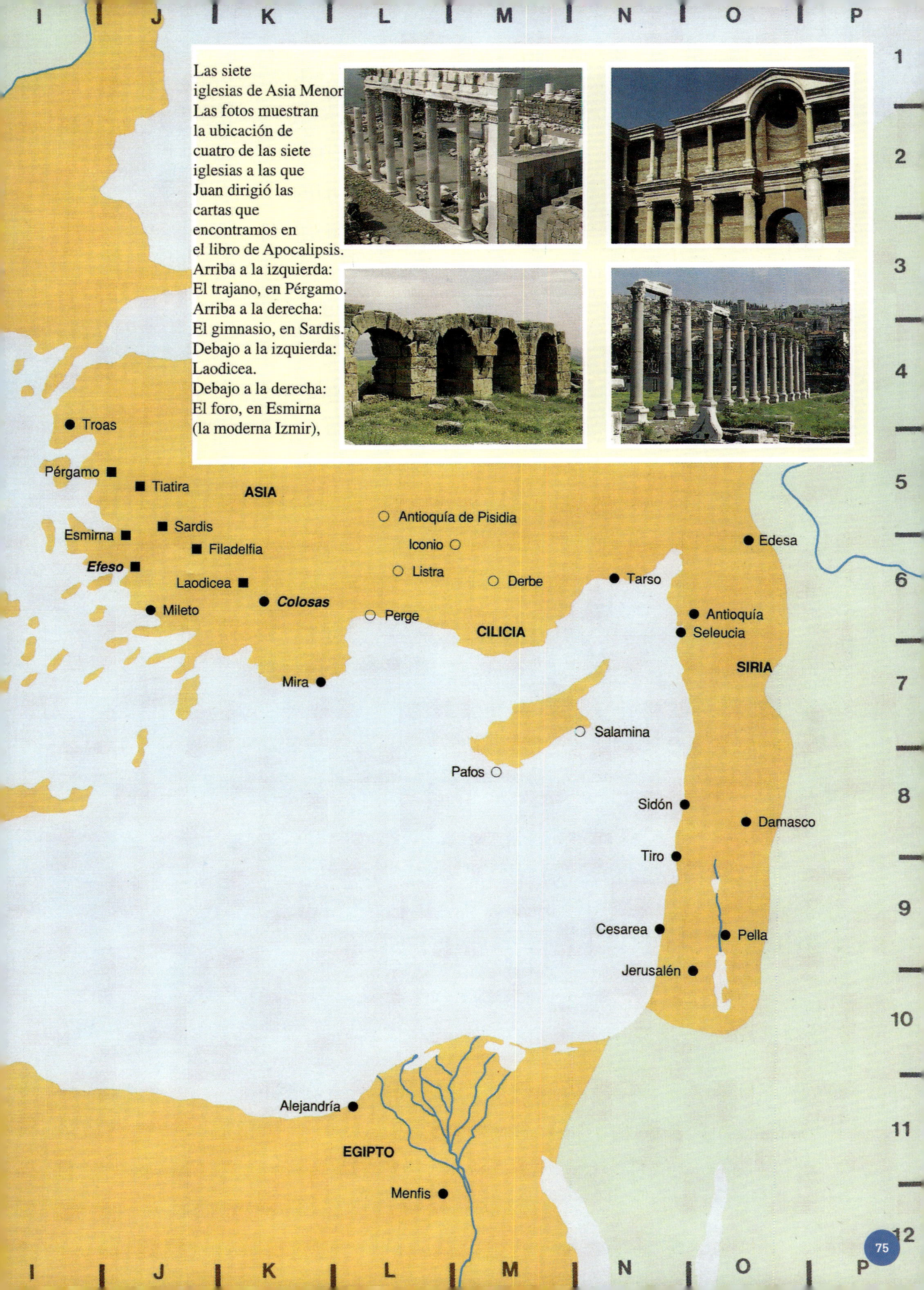

# Grandes personajes del Antiguo Testamento

**Aarón**
Aarón, hermano de Moisés, fue el primer sumo sacerdote de Israel. Fundó el sacerdocio de Israel, pero aceptó la petición de un ídolo por parte del pueblo en el desierto, permitiendo que se hiciera el becerro de oro.
*Éxodo 2, 4, 17, 32*

**Abram (Abraham)**
El fundador de la nación judía, Abraham partió de Ur para ir a la tierra que Dios le había prometido, a él y a sus descendientes. Su esposa Sara, que era estéril, dio a luz a Isaac, con lo que se pudo cumplir la promesa de Dios de que Abraham llegaría a ser padre de una gran nación.
*Génesis 11–25*

**Adán**
El primer hombre, Adán, creado por Dios a su imagen y semejanza, fue puesto en el Huerto del Edén. Cuando desobedeció el mandamiento de Dios, comiendo fruto del árbol prohibido, toda la creación quedó afectada, y entró la muerte en el mundo.
*Génesis 2–3*

**Daniel**
Un judío de alto rango, Daniel fue llevado cautivo a Babilonia, y fue instruido como consejero en la corte del rey Nabucodonosor. Dios le dio sabiduría, lo que le hizo capaz de interpretar los sueños del rey. Cuando sus rivales conspiraron contra él y fue echado en un foso de leones, Dios le salvó.
*Daniel*

**David**
El más joven de los hijos de Isaí, David era pastor cuando Samuel lo ungió rey para que sustituyera a Saúl. David mató al campeón filisteo Goliat, pero suscitó los celos de Saúl, a causa de los cuales tuvo que huir y ocultarse. Después de la muerte de Saúl, David fue coronado rey. Hizo de Jerusalén su capital, y llevó a esta ciudad el arca del pacto. David fue un gran rey, y un poeta que compuso muchos de los salmos.
*1 Samuel 16–1 Reyes 2*

**Débora**
Débora, la única mujer juez, fue uno de los jueces de más éxito de Israel. Su general, Barac, derrotó a los filisteos, lo que llevó a 40 años sin opresión extranjera.
*Jueces 4-5*

**Elías**
Este profeta vivió en tiempos del malvado rey Acab, y fue enviado a comunicar a Acab que Dios iba a enviar una sequía. Más tarde, derrotó a los profetas de Baal en una contienda en el Monte Carmelo; denunció también a Acab por el asesinato de Nabot. Elías instruyó a Eliseo para que le sustituyera.
*1 Reyes 17–2 Reyes 2*

**Eliseo**
Eliseo tomó el puesto de Elías como profeta de Israel. Llevó a cabo muchos milagros, incluyendo la curación de la lepra de Naamán, general del ejército de Siria.
*2 Reyes 2–9*

**Esdras**
Sacerdote judío y maestro de la Ley, dirigió el regreso de algunos de los judíos desde el exilio de Babilonia. Colaboró con Nehemías para restaurar la Ley.
*Esdras 7-10; Nehemías 8*

**Ester**
Ester, que llegó a ser reina de Persia, mantuvo en secreto que era judía. El principal ministro del rey tramaba el exterminio de todos los judíos, pero Ester consiguió salvar a su pueblo, rogando al rey. Su victoria es recordada cada año en la fiesta judía del Purim.
*Ester*

**Eva**
La compañera de Adán, Eva fue la primera mujer. Cuando comió el fruto del árbol prohibido, la muerte entró en el mundo, y Adán y Eva fueron echados del Edén.
*Génesis 2-3*

**Ezequías**
Duodécimo rey de Judá; Ezequías restauró el templo y volvió a abrirlo, e introdujo reformas religiosas.
*2 Reyes 18-20; 2 Crónicas 29-32*

**Ezequiel**
Un profeta judío llevado cautivo a Babilonia, donde siguió profetizando.
*Ezequiel*

**Gedeón**
Juez de Israel que derrotó a los madianitas con astucia.
*Jueces 6-8*

**Isaac**
Isaac fue hijo de Abraham y Sara cuando sus padres eran ya muy ancianos. Posteriormente, Abraham fue sometido a prueba por Dios, que le mandó que sacrificase a su hijo, pero en el último momento un ángel lo detuvo. Isaac se casó con Rebeca y tuvo hijos mellizos, Esaú y Jacob.
*Génesis 21–28*

**Isaías**
Isaías fue un gran profeta que vivió durante los reinados de Uzías, Jotam, Acaz y Ezequías. Durante su tiempo, la nación fue amenazada por Asiria; Isaías predijo que aunque su pueblo sería llevado en cautividad, al cabo de un tiempo volverían. También profetizó acerca del Mesías que había de venir.
*2 Reyes 19–20; Isaías*

**Jacob**
Jacob, hijo de Isaac, engañó a su padre para que le diera la bendición del mayor, y compró también la primogenitura de Esaú. Jacob se casó con Lea, y posteriormente con su hermana Raquel, y tuvo doce hijos. Después de luchar Jacob con un extraño, Dios le dio el nombre de "Israel".
*Génesis 25–49*

**Jeremías**
Un profeta que ministró durante los reinados de los últimos cinco reyes de Judá, Jeremías fue impopular debido a su mensaje de condena para la nación.
*Jeremías; 2 Crónicas 36*

**Jonás**
Profeta hebreo enviado por Dios para denunciar a los ciudadanos de Nínive, Jonás fue el primer profeta a una nación pagana. Huyó por mar, y Dios lo salvó de ser ahogado por medio de un gran pez.
*Jonás*

**José**
José, el hijo favorito de Jacob, fue vendido como esclavo en Egipto, a causa de los celos de sus hermanos. Echado en prisión bajo una falsa acusación, luego ascendió a una alta posición tras interpretar correctamente los sueños de faraón. Cuando sobrevino una hambruna, José invitó a su familia a Egipto, para escapar de sus efectos.
*Génesis 37–50*

**Josué**
Sucesor de Moisés, Josué dirigió a los israelitas a Canaán, la conquistó y la dividió entre sus doce tribus.
*Éxodo 17; Números 14:6-9; Deuteronomio 31, 34; Josué*

**María**
De niña, María ayudó a que su hermano Moisés escapase a la muerte. Posteriormente llegó a ser profetisa; en una ocasión se opuso a la dirección de Moisés, y fue castigada con lepra.
*Éxodo 2:4-8; 15:20-21; Números 12; 20:1*

**Moisés**
Moisés, el caudillo que liberó a los hebreos, su pueblo, de la esclavitud en Egipto, fue criado por la hija del rey. Llamado por Dios para que liberara a su pueblo, Moisés condujo a su pueblo fuera de Egipto y a través del Mar Rojo. En el Monte Sinaí, Dios le dio los Diez Mandamientos. Moisés murió en Moab antes que los israelitas entrasen en la Tierra Prometida.
*Éxodo 2–Deuteronomio 34*

**Rebeca**
Rebeca se casó con Isaac, y sugirió a su hijo Jacob que engañase a su padre para que le diera la bendición.
*Génesis 24–28*

**Rut**
Rut abandonó su patria, Moab, para volver a casa de su suegra en Belén, donde se casó con Booz, tatarabuelo de David.
*Rut*

**Samuel**
Samuel, el último de los jueces de Israel, fue también uno de los primeros profetas. Al final de su vida ungió a Saúl como primer rey de Israel. Cuando Saúl desobedeció a Dios, Samuel ungió a David como rey después de él.
*1 Samuel 1–4, 7–16, 25:1*

**Salomón**
Salomón, quizá el más famoso rey de Israel, fue hijo de David con Betsabé. Bajo su reinado la nación prosperó, y su sabiduría se convirtió en refrán. Edificó el primer templo en Jerusalén, pero sus matrimonios con esposas extranjeras condujeron a que se apartase de Dios para servir a falsos dioses.
*1 Reyes 1–11*

**Sarai (Sara)**
Esposa de Abraham, Sara llegó a ser madre de Isaac en su ancianidad, en cumplimiento de la promesa de Dios.
*Génesis 12–23*

# Grandes personajes del Nuevo Testamento

**Andrés**
Pescador, hermano de Pedro, y uno de los doce apóstoles.
*Mateo 4, 10; Juan 1, 6, 12; Hechos 1*

**Aquila**
Fabricante de tiendas y judío cristiano amigo de Pablo; esposo de Priscila.
*Hechos 18*

**Bernabé**
Bernabé era un sobrenombre para José, un judío cristiano natural de Chipre, y que viajó extensamente con Pablo en su labor misionera. Su nombre significa "hijo de consolación".
Hechos 4, 9, 11–15;
*1 Corintios 9:6; Gálatas 2*

**Caifás**
El sumo sacerdote en Jerusalén que declaró a Jesús culpable de blasfemia y lo envió a Pilato para que lo condenase.
*Mateo 26; Juan 11*

**Cleofas**
Uno de los discípulos que encontró al Cristo resucitado en el camino de Emaús.
*Lucas 24*

**Cornelio**
Centurión romano, destinado en Cesarea, y que se convirtió al cristianismo.
*Hechos 10*

**Dorcas**
Una discípula en Jope que hizo mucho bien entre los pobres y las viudas. Cuando murió, Pedro fue y la resucitó.
*Hechos 9:36-42*

**Elisabet**
Esposa del sacerdote Zacarías y madre, en su ancianidad, de Juan el Bautista.
*Lucas 1*

**Esteban**
Judío de habla helénica, y uno de los siete escogidos para ayudar a los apóstoles en Jerusalén, Esteban fue el primer mártir en la iglesia.
*Hechos 6:1–8:2*

**Felipe**
Uno de los doce apóstoles, Felipe procedía de Betsaida de Galilea.
*Mateo 10; Juan 1, 6, 12*

**Herodes el Grande**
Herodes era rey de Judea en tiempos del nacimiento de Jesús. Gozando de la confianza de los romanos, emprendió un gran plan de edificación en Judea. Mandó el asesinato de niños varones para eliminar cualquier posible rival.
Mateo 2; Lucas 1:5

**Herodes el Tetrarca**
Hijo de Herodes el Grande, encarceló y posteriormente hizo decapitar a Juan el Bautista. Pilato le envió a Jesús para que lo juzgase, porque Jesús procedía de Galilea, bajo la jurisdicción de Herodes.
Mateo 14; Lucas 13, 23

**Jacobo o Santiago**
Hermano de Jesús. Después de Pentecostés, llegó a ser dirigente de la iglesia en Jerusalén, y probablemente fue el escritor de la carta de Santiago.
Mateo 13; Hechos 12, 15.

**Jacobo**
Jacobo era pescador, como su hermano Juan. Llamado por Jesús para que lo siguiera como uno de los doce apóstoles, estuvo presente en la transfiguración de Jesús. Fue ejecutado por orden de Herodes Agripa.
Mateo 4; Marcos 5; Lucas 9; Hechos 12

**Juan**
Hermano de Jacobo, y también pescador, Juan era "el discípulo al que amaba Jesús". Jesús, mientras moría en la cruz, le pidió que cuidase de su madre María. Se cree que Juan fue el escritor del Evangelio de Juan, y de 1, 2 y 3 de Juan y Apocalipsis.
Mateo 4, 10, 17; Juan; Hechos 3–4; Apocalipsis 1

**Juan el Bautista**
Juan fue enviado a preparar el camino para Jesús, el Mesías. Vivió de manera sencilla, y predicó el arrepentimiento y el bautismo. Fue encarcelado y decapitado por orden de Herodes el Tetrarca.
Mateo 3, 11, 14; Lucas 1, 3, 7

**Judas Iscariote**
Judas fue uno de los doce apóstoles. Su segundo nombre significa "hombre de Queriot", una población cercana a Hebrón. Judas traicionó a Jesús, y posteriormente se colgó.
Mateo 10, 26, 27; Juan 12, 13

**Lázaro**
Hermano de María y Marta, Lázaro vivía en Betania y fue resucitado de los muertos por Jesús.
*Juan 11*

**Lidia**
Mujer de negocios de Tiatira, que comerciaba con los costosos paños de púrpura, Lidia se convirtió mediante la predicación de Pablo.
*Hechos 16*

**María**
Madre de Jesús y esposa de José. Su cántico de fe, conocido como el Magnificat, se encuentra en Lucas 1. Mientras Jesús moría en la cruz, le pidió a Juan que cuidase de su madre.
*Mateo 1; Lucas 1, 2; Juan 2, 19; Hechos 1*

**María de Betania**
Hermana de Marta, María ungió a Jesús con aceite poco antes de su muerte.
*Lucas 10; Juan 11, 12*

**María Magdalena**
De Magdala, en Galilea, María fue sanada por Jesús. Posteriormente, fue la primera en encontrarse con el Cristo resucitado.
*Mateo 28; Lucas 8; Juan 20*

**Marta**
Hermana de María y de Lázaro. Ella vivía con su hermana y su hermano en Betania.
*Lucas 10; Juan 11*

**Mateo**
Mateo o Leví, era un recaudador de impuestos que fue llamado por Jesús para que viniera a ser uno de los doce apóstoles. Se cree que fue el autor del primer Evangelio.
*Mateo 9–10; Marcos 2; Lucas 5*

**Nicodemo**
Fariseo y gobernante de los judíos, Nicodemo acudió de noche para hablar con Jesús en secreto, y posteriormente ayudó en su sepultura.
*Juan 3, 7, 19*

**Pablo**
Pablo nació en Tarso, y fue criado como un estricto fariseo. Convertido repentinamente a Cristo en el camino a Damasco, llegó a ser el gran apóstol a los gentiles. Emprendió tres grandes viajes misioneros, fundando y edificando comunidades cristianas allí donde iba. Escribió cartas a muchas nuevas iglesias para alentarlas en la fe. Pablo fue ejecutado por orden de Nerón en Roma, alrededor del 67 d.C.
*Hechos 7–28; Romanos–Filemón*

**Pedro (Simón Pedro)**
Pedro era pescador y fue llamado por Jesús a ser uno de los doce apóstoles. Después de la resurrección, Cristo se apareció especialmente a Pedro, que llegó a ser dirigente de la joven iglesia. Fue probablemente ejecutado en Roma y escribió 1 y 2 Pedro.
*Mateo 4, 16–27, 26; Juan 13; Hechos 1–15; 1 y 2 Pedro*

**Poncio Pilato**
Pilato era el gobernador romano de Judea, y condenó a Jesús a muerte, aunque lo había declarado inocente.
*Mateo 27; Juan 18*

**Priscila**
Esposa de Aquila; un fiel judío cristiano y amigo de Pablo.
*Hechos 18*

**Silas**
Silas era dirigente de la iglesia de Jerusalén, y acompañó a Pablo en su segundo viaje misionero.
*Hechos 15–18*

**Tabita**
También conocida como Dorcas (véase).

**Tomás**
Tomás era uno de los doce apóstoles, y fue inicialmente muy escéptico cuando el Cristo resucitado apareció tras su crucifixión.
*Mateo 10; Marcos 3; Juan 11:16, 20-21*

**Timoteo**
Timoteo era un joven convertido de Pablo que acompañó al apóstol en su segundo viaje misionero. Más tarde dirigió la iglesia en Éfeso. Pablo le escribió 1 y 2 Timoteo.
*Hechos 16–17; 1 y 2 Timoteo*

**Tito**
Convertido gentil, enviado como misionero a Creta. Pablo le escribió una carta.
*2 Corintios 2; Gálatas 2; Tito*

**Zaqueo**
Rico y desaprensivo recaudador de impuestos, Zaqueo trepó a un árbol en Jericó para ver a Jesús. Cuando Jesús lo invitó a su casa, Zaqueo hizo plena restitución.
*Lucas 19*

# Cuadro cronológico

Abraham, el primero de los patriarcas bíblicos, recibió el llamamiento de Dios para dejar su hogar en Ur, Mesopotamia, e ir en busca de una nueva patria. Esta sería Israel, la tierra prometida por Dios a los israelitas. Abraham fue llamado después a sacrificar a su hijo Isaac como prueba de su lealtad a Dios. Jacob, el nieto de

*La gran pirámide de Keops*

**1950-1550 Mediados de la edad del bronce**

- Se desarrolla la construcción de barcos de madera en Creta ***ca.* 2000**
- Se establecen en Melanesia inmigrantes de Indonesia ***ca.* 2000**
- Los dólmenes (monumentos prehistóricos) comenzaron en Inglaterra ***ca.* 2000**
- Comienza el Imperio Hitita ***ca.* 2000**
- Código de Hamurabi: primer conjunto de leyes escritas **1760**

*Dólmenes*

**ISRAEL/LOS JUDÍOS**

**Los patriarcas**

- **Abraham sale de Ur *ca.* 1925**
- **Isaac 1900-1720**
- **Jacob 1800-1700**

**Nota sobre fechas:**

La insuficiencia de fuentes históricas significa que a veces las fechas de eventos y vidas de personajes no pueden ser corroboradas. En estos casos las fechas son meramente conjeturales.

Las fechas relacionadas con líderes nacionales se refieren a sus reinos, y las fechas de individuos se refieren a sus nacimientos.

**Símbolos o claves**

- Eventos significativos
- Reyes hebreos/judíos
- Todos los demás colores: reyes y gobernantes no hebreos
- Gente hebrea/judía que no son gobernantes
- Otros pueblos no hebreos que no son dirigentes
- Batallas/puntos de conflicto

**2100 a.C** | **2000** | **1900** | **1800**

Abraham, padre de doce hijos, fue el progenitor de las tribus que se establecieron en Canaán y formaron la nueva nación de Israel. José, uno de los hijos de Jacob, es vendido como esclavo y llevado a Egipto. Allí asciende al poder y se convierte en el primer ministro de Faraón. Los hermanos de José acuden a Egipto en un tiempo de hambre en el Medio Oriente y la familia de Jacob se reconcilia. La comunidad de israelitas se estabiece cerca del delta del Nilo. Terminan como esclavos del faraón egipcio y edifican la ciudad de Ramesés. Los israelitas vivieron en Egipto unos 400 años.

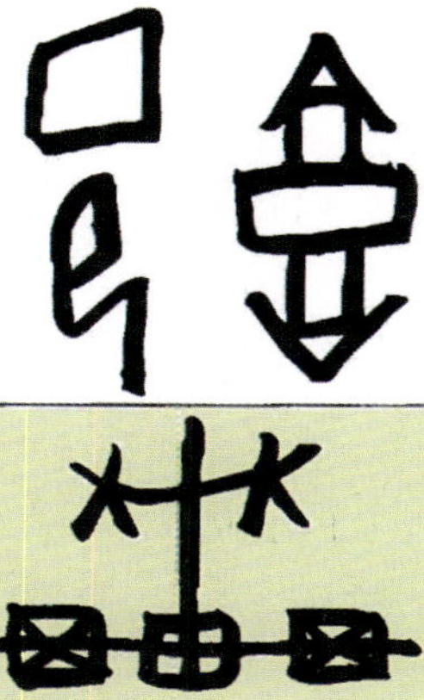

*Ideograma Shang de China. En el sentido de las agujas del reloj: Ciudad, un hombre arrodillándose en sumisión bajo un cercado de barro; muro de la ciudad; carro de caballos.*

Los hiksos gobiernan en Egipto ***ca.* 1640-1570**

Primera civilización urbana en China ***ca.* 1600**

El palacio de Cnosos, destruido y reedificado **1720**

¿Épica sumeria de Gilgamesh?

Empieza en Egipto el Nuevo Imperio, la era más importante de Egipto **1552**

La escritura ideográfica se usa en China ***ca.* 1500**

Desarrollo de la adoración de Brahma ***ca.* 1450**

La lengua griega se escribe por primera vez ***ca.* 1450**

Destrucción de Minos, Creta ***ca.* 1450**

**Israel en Egipto *ca.* 1700-1280**

**José 1750-1640**

*Restos del Palacio de Cnosos*

*Pintura de una tumba egipcia*

**1700** **1600** **1500**

Moisés es el defensor de la causa de la libertad y capitanea a los israelitas en su éxodo (salida) de Egipto y en el cruce del mar Rojo. Empiezan un período de 40 años en el desierto, durante el cual reciben de Dios sus leyes en el Sinaí, entre las que se encuentran los Diez Mandamientos.

Josué sucede a Moisés y dirige a los israelitas en el cruce del río Jordán y en la conquista de Cannán. Líderes militares, conocidos como jueces, acaudillan campañas contra sus enemigos vecinos tales como los cananeos, los madianitas y los filisteos, éstos últimos fueron los peores enemigos de Israel, a quienes Sansón se enfrentó. Elí y después Samuel presidieron el sacerdocio en Silo, pero Israel carecía de liderazgo militar y quisieron tener un rey, encontrándolo en Saúl. Sin embargo, fue David quien unificó a los israelitas para derrotar a los filisteos, culminando con la

*Tutankhamón*

**1300-1200 Finales de la edad del bronce**

**1200 Edad del hierro**

Escritura «Linear B» en Grecia ***ca.* 1400**

Las cartas de Amarna **1375-1358**

El faraón Amenhotep IV (Akenatón) establece la adoración monoteísta del sol en Egipto **1344-1336**

El faraón Tutankhamón **1332-1322**

Seti I y Ramsés II edifican grandes ciudades en el delta del Nilo **1279-1213**

Los filisteos se establecen en el Mediterráneo oriental ***ca.* 1200**

Caída del Imperio Hitita **1200**

Comienza la civilización olmeca en México **1150**

Destrucción legendaria de Troya **1184**

Los fenicios desarrollan el alfabeto, base de todas las formas moderna de escritura europeas ***ca.* 1100**

Caída de la civilización micénica en Grecia ***ca.* 110**

**Moisés *ca.* 1350-1230**

**Período de los Jueces 1220-1050**

**Josué 1300-1190**

Éxodo (salida de Egipto) ***ca.* 1280**

Los Diez Mandamientos en el monte Sinaí **¿*ca.* 1280?**

Conquista de Canaán ***ca.* 1240**

**Débora 1224-1184**

**Gedeón 1224-1137**

**Elí 1115-1075**

**Samuel 1075-1035**

**Sansón 1070**

**Jefté 1070**

*Los viajes por el desierto han cambiado poco desde el éxodo*

*Deidad cananea*

**1400** **1300** **1200** **1100**

captura de Jerusalén. Esta ciudad se convirtió en la capital del reino y centro religioso nacional, lo cual duró más de 400 años. Salomón, hijo y sucesor de David, edifica el templo de Jerusalén, y también lleva el imperio de David hasta su mayor esplendor y extensión. La inquietud entre el norte y el sur de Israel resulta en una guerra civil y el país se divide en dos reinos: Israel (norte) y Judá (sur). Jerusalén permanece como capital de Judá, y Samaria emerge como la capital del reino del norte.

Elías tipifica a los profetas de Israel en su cruzada contra la idolatría, especialmente la adoración de Baal, el dios cananeo. Amós y Oseas condenan la injusticia social y la complacencia religiosa y predicen el desastre político. Este se cumple con la invasión de Palestina por los asirios, quienes capturan Samaria y llevan a muchos israelitas al exilio. El pequeño estado de Judá queda también sometido al rey asirio Senaquerib.

*Caracteres fenicios que representan un buey (izquierda) y una reverencia*

*Atletas, como aparecen pintados en un jarrón griego*

- Los etruscos llegan a Italia **ca. 1000**
- Edad de oro de Tiro (Fenicia) **ca. 900**
- Se funda el reino de Cus (Nubia) **ca. 900**
- Los fenicios fundan Cartago **814**
- Los Indoarios llegan al valle del Ganges y empiezan a establecer bases de civilización urbana **ca. 800**
- Primeros juegos olímpicos **776**
- Homero compone la Ilíada y la Odisea **ca. 750**
- Tiglat-Pileser III extiende el Imperio Asirio **744**
- Fundación legendaria de Roma **753**
- Damasco cae en poder asirio **732**

**Reino unido de Israel y Judá 1050-930**

- Los filisteos destruyen Silo **1050**
- Saúl **1050-1011**
- David **1011-970**
- Salomón **970-930**
- Edificación del templo de Jerusalén **966-959**
- **División del reino 930**

**Reino de Israel 930-722**

- Samaria, capital de Israel **ca. 879**
- Jeroboam I **930-910**
- Nadab **910**
- Baasa **908**
- Ela **886**
- Zimri **885**
- Tibni **885-880**
- Omri **885-874**
- Acab **874-853**
- Elías **ca. 870-850**
- Ocozías **853-852**
- Jorám **852-841**
- Eliseo **ca. 850-790**
- Jehú **841-813**
- Joacaz **813-798**
- Joas **798-781**
- Jeroboam II **781-753**
- Jonás **760**
- Zacarías **753-752**
- Salum **752**
- Manahem **752-742**
- Pekaía **742-740**
- Oseas **755-732**
- Peka **740-732**
- Oseas **731-722**
- Amós **760**
- Caída de Samaria **722**
- Sargón II **722-705**

**Reino de Judá 930-587**

- Roboam **931-913**
- El faraón Sisac (Sheshonq) invade Palestina **925**
- Abías **913-911**
- Asa **911-870**
- Josafat **870-848**
- Joram **848-841**
- Ocozías, Azarías **841**
- Atalía **841-835**
- Joás **835-796**
- Joel **ca. 810-750**
- Amasías **796-767**
- Uzías (Azarías) **767-740**
- Miqueas **742-687**
- Isaías **742-700**
- Jotam **740-732**
- Acaz **732-716**
- Ezequías **716-687**
- Asiria asedia Jerusalén **ca. 704**

**1000** | **900** | **800**

Ezequías de Judá trata de rebelarse pero pierde la mitad de su reino. El profeta Isaías confortó a los judíos durante este tiempo.

Aprovechando la declinación del poder asirio, Josías inicia reformas religiosas en Judá. Primero los egipcios y después los babilonios emergen como las potencias militares del Medio Oriente. Nabucodonosor de Babilonia sitia y toma Jerusalén, y en el 587 a.C. destruye la ciudad y el templo. La mayor parte de la población de Judá es deportada a Babilonia. Los profetas Ezequiel y Daniel ministran a los israelitas durante el exilio. Los persas, más tolerantes que los babilonios, derrotan a estos últimos y se transforman en la nueva potencia mundial. Ciro permite a los israelitas que regresen a su tierra.

Nehemías es nombrado gobernador de Judea y supervisa la reconstrucción de Jerusalén. El sacerdote Esdras les instruye en

*Un ladrillo barnizado de las puertas de Istar (Babilonia) ca. 600*

*Un Buda esculpido en el siglo XII en la roca en Sri Lanka*

La sociedad india es organizada en el sistema de castas ***ca.* 500**

Muerte de Sócrates **384**

Platón **427**

Aristóteles **399**

Sófocles **496**

Se reconstruye el Partenón en Atenas **438**

Vida de Buda **563-483**

Confucio **551-479**

Batalla de Maratón **490**

Fundación de la república romana **510**

Período de guerras en China **475-221**

Jardines colgantes de Babilonia ***ca.* 510**

*El Partenón, Atenas*

**Dominación asiria**

Senaquerib **705-681**

Esar-hadon **681-669**

Asurbanipal **669-627**

**Dominación babilónica**

Caída de Nínive **612**

Fin de Asiria **609**

Nabucodonosor II **605-562**

Batalla de Carquemis **605**

Nabónido **556-539**

Belsasar **550-539**

**Dominación persa**

Caída de Babilonia **539**

Ciro el Grande **539-530**

Cambises **530-522**

Darío I **522-486**

Jerjes I (Asuero) **486-465**

Artajerjes I **464-423**

Artajerjes II **404-359**

Darío III **336-331**

Sofonías **640**

Josías **640-609**

Jeremías **621-580**

Joacim **609-597**

Joacaz **609**

Habacuc **605**

Daniel **604-535**

Joaquín **597**

Sedequías **597-588**

Manasés **687-642**

Nahum **664-612**

**Exilio 597-538**

Primera deportación **597**

Caída de Jerusalén: segunda deportación **587**

Tercera deportación **582-581**

Ezequiel **593-570**

Abdías **587**

Zorobabel **526**

Hageo **520**

Segundo retorno de los exiliados a Judá **525**

Primer retorno de los exiliados a Judá **538**

Reconstrucción del templo de Jerusalén **537-516**

Nehemías reedifica Jerusalén **445-433**

Esdras regresa a Jerusalén **458**

Malaquías **460**

**700** | **600** | **500** | **400**

la ley de Moisés y le da al pueblo una nueva identidad religiosa como judíos. Los judíos en la diáspora (dispersión) podían adorar en las sinagogas. La observancia de la ley (conocida como la Torá), no los sacrificios en el templo, se convierte en la base principal del judaísmo. El período del Antiguo Testamento termina con Esdras y Nehemías.

Los macabeos vencen a los reyes seléucidas y los judíos alcanzan la independencia bajo la dirección de los asmoneos. La literatura apocalíptica, tal como el libro de Daniel, aparece prediciendo la intervención final y dramática de Dios en la historia humana. Se desarrolla la idea de la venida de un mesías, que liberará a los judíos de sus opresores. Los esenios creen que los judíos necesitan renovación espiritual a fin de ser salvos.

*Falsa imagen óptica en color de la cabeza del cometa Halley*

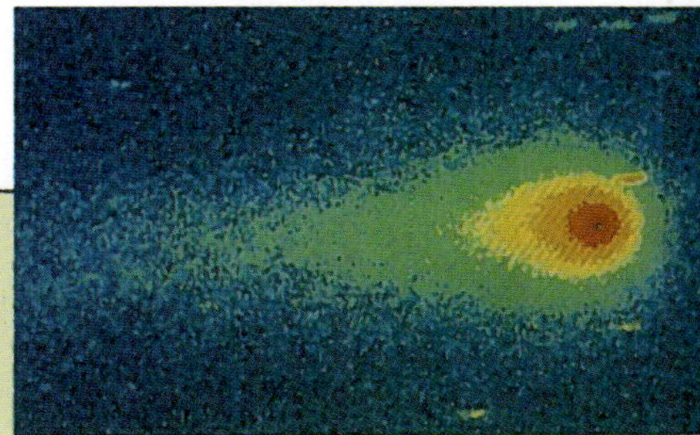

*La gran muralla de China*

Alejandro Magno **336-323**

La dinastía Mauria se establece en Magadha, India **322**

Roma conquista el centro de Italia **290**

Aníbal cruza los Alpes **217**

Se construye la gran muralla de China **214**

Las primeras ciudades mayas de México **200**

La Venus de Milo **150**

El confucianismo se establece como religión oficial de China **136**

Pompeya **106-48**

Rollos del mar Muerto ***ca.* 100**

Horacio **65-27**

César invade Inglaterra **55**

Batalla de Accio **31**

Virgilio empieza a escribir la *Eneida* **30**

Establecimiento del Imperio Romano **27**

Aparece el cometa Halley **12**

**Dominación ptolomea**

Ptolomeo II Filadelfo **285-246**

Empieza la traducción de la *Septuaginta* **283**

Antíoco III el Grande **223-187**

**Dominación seléucida**

Antíoco IV Epífanes **175-163**

*Julio César*

**Gobernantes romanos**

Julio César **46-44**

Octavio Augusto **27 a.C.-14 d.C.**

*Alejandro Magno*

**El reino asmoneo independiente 167-40**

Antíoco profana el templo ***ca.* 167**

Judas Macabeo **166-161**

Rededicación del templo **164**

Jonatán Macabeo **160-143**

Simón Macabeo **143-135**

Juan Hircano **135-104**

Aristóbulo **104-103**

Alejandro Janneo **103-76**

Aparecen los esenios ***ca.* 100**

Salomé Alejandra e Hircano II **76-67**

Aristóbulo II e Hircano II **67-40**

Pompeyo conquista Jerusalén **63**

Antípater II **47-43**

Herodes el Grande **37-4**

Herodes Antipas (Galilea) **4 a.C.-39 d.C.**

Arquelao (Judea) **4 a.C.-6 d.C.**

Felipe (Iturea) **4 a.C.-34 d.C.**

Juan el Bautista **8/7**

Nacimiento de Jesús **8/7**

**300** **200** **100**

En el tiempo del nacimiento de Jesús, los romanos controlaban Palestina. Juan el Bautista anuncia la llegada del mesías, de quien muchos judíos, especialmente los zelotes, piensan que será un sucesor del rey David, quien arrojará a los romanos de Palestina. El ministerio de enseñanza y sanidad de Jesús en Galilea es un desafío para las autoridades judías. Con el tiempo le ven como una seria amenaza política, lo que resulta en una conspiración con el propósito de matarle. Jesús es crucificado en el tiempo de la fiesta judía de la Pascua. Su evangelio es predicado por los apóstoles, cuya misión recibe respaldo divino en la fiesta de Pentecostés. Un líder fariseo y ciudadano romano llamado Saulo (Pablo) recibe una visión del Cristo resucitado en el camino a Damasco. Se convierte al cristianismo y dirige la misión a los gentiles, llevando a cabo tres viajes misioneros a Asia Menor y Grecia.

*El foro, Roma*

Tiberio **14-37**

Calígula **37-41**

Claudio **41-54**

Invasión de Inglaterra **43**

Edicto de Claudio **5**

Nerón **54-6**

*Moneda romana mostrando la cabeza del emperador Nerón*

**Procuradores romanos gobiernan Palestina 6-70**

*El desierto de Judea, lugar de las tentaciones de Jesús*

Poncio Pilato **26-36**

Juan el Bautista, ministerio activo **28/29**

Bautismo se Jesús: comienza su ministerio **29**

Crucifixión de Jesús **33**

Pentecostés **33**

Saulo (Pablo) **34/35**

Herodes Agripa I **41-44**

Primer viaje misionero de Pablo **46-47**

Segundo viaje misionero de Pablo **48-51**

Concilio de Jerusalén **4**

Herodes Agripa II **50-93**

Pablo en Efeso **54-57**

**10** | **20** | **30** | **40** | **50**

Sus cartas forman la base para la doctrina cristiana. Pedro dirige la misión a los judíos y Santiago (el medio hermano de Jesús) llega a ser el cabeza de la iglesia en Jerusalén. Todos ellos mueren como mártires, y la persecución de los cristianos se acrecienta para el final del primer siglo. La rebelión judía contra Roma resulta en la destrucción de la cuidad de Jerusalén y el templo, y el suicidio en masa de los judíos en Masada. Muchos judíos y cristianos huyeron de Palestina. Juan, posiblemente el discípulo amado, es desterrado a la isla de Patmos donde escribe el libro de Apocalipsis, dirigido a las siete iglesias de Asia.

*La pirámide azteca del sol, Teotihuacán, Mexico*

- El Imperio Kushan alcanza su máximo esplendor ***ca.* 60**
- El Vesubio entra en erupción y sepulta a Pompeya **79**

*Pompeya, con el Vesubio al fondo*

- Las pirámides del sol y la luna están en construcción en Teotihuacán, México **100**
- Se usa el papel por primera vez, China **¿105?**
- El Imperio Romano alcanza su máxima extensión **117**
- La muralla de Adriano se comienza en Inglaterra **122**

- Incendio de Roma **64**
- Galba **68-69**
- Vespasiano **69-79**
- Otón **69**
- Vitelio **69**
- Tito **79-81**
- Domiciano **81-96**
- Nerva **96-98**
- Trajano **98-117**
- Adriano **117-138**

- Pablo en la cárcel **59-62**
- Festo **60-62**
- Muerte del apóstol Santiago **¿62?**
- Martirio de Pablo y Pedro **¿64?**
- Primera rebelión judía contra Roma **66-70**
- Caída de Jerusalén y destrucción del templo **70**
- Caída de Masada **73**
- Persecución de los cristianos **81-96**
- Juan es desterrado en Patmos ***ca.* 95**
- Muerte del apóstol Juan ***ca.* 100**
- Jerusalén es reconstruida por Adriano y llamada Aelia Capitolina **130**
- Segunda rebelión judía (Bar Kokhba) contra los romanos **132-135**

*Modelo del templo de Herodes, Jerusalén*

60 | 70 | 80 | 90 | 100 | 110 | 120 | 130 | 140

# Cuando necesita ayuda...

## Versículos bíblicos para leer cuando necesita ayuda

**La Biblia incluye muchas promesas para ayudarnos y alentarnos en tiempos de tristeza, dificultad o angustia. Aquí hay algunos versículos que nos muestran la ayuda de Dios. Léalos y reflexione:**

▪ **Cuando siente miedo**
"Busqué al SEÑOR, y Él me respondió, y me libró de todos mis temores" *Salmos 34:4.*
*Véanse también Salmos 27; 46; 56; 91; Mateo 8:23-27.*

▪ **Cuando se siente solo**
"No temas, porque Yo estoy contigo; no te desalientes, porque Yo soy tu Dios. Te fortaleceré, ciertamente te ayudaré, sí, te sostendré con la diestra de Mi justicia" *Isaías 41:10.*
*Véanse también Salmos 23; 73:23-24; Isaías 49:14-16; Juan 14:15-21.*

▪ **Cuando está ansioso o preocupado**
"Echando toda su ansiedad sobre Él, porque Él tiene cuidado de ustedes" *1 Pedro 5:7.*
*Véanse también Isaías 43:1-13; Mateo 6:25-34; 11:28; Filipenses 4:4-7.*

▪ **Cuando ha perdido a alguien**
"Bienaventurados los que lloran, porque ellos serán consolados" *Mateo 5:4.*
*Véanse también Salmos 23; Juan 11:21-27; 1 Corintios 15:51-57; 1 Tesalonicenses 4:13-18; Apocalipsis 21:1-15.*

▪ **Cuando se siente desalentado**
"¿Por qué te desesperas, alma mía, y por qué te turbas dentro de mí? Espera en Dios, pues he de alabarlo otra vez por la salvación de Su presencia" *Salmos 42:5.*
*Véanse también Salmos 34:18; 40:1-3; Lamentaciones 3:20-23; Romanos 8:28-39; 2 Corintios 4:7-18.*

▪ **Cuando tiene dudas**
"Creo; ayúdame en mi incredulidad" *Marcos 9:24.*
*Véanse también Isaías 40:27-31; Mateo 11:1-6; Juan 20:19-29; Hechos 17:22-28.*

▪ **Cuando cree que ha hecho algo mal**
"Pero Dios demuestra su amor para con nosotros, en que siendo aún pecadores, Cristo murió por nosotros". *Romanos 5:8.*
*Véanse también Salmos 51; Lucas 15:11-24.*

▪ **Cuando se siente distante de Dios**
"Acérquense a Dios, y Él se acercará a ustedes. Limpien sus manos, pecadores; y ustedes de doble ánimo (que dudan), purifiquen sus corazones" *Santiago 4:8.*
*Véanse también Salmos 139:1-18; Juan 10:29; Hechos 17:24-31.*

▪ **Cuando está enfermo o con dolor**
"Te basta Mi gracia, pues Mi poder *se perfecciona en la debilidad*" *2 Corintios 12:9.*
*Véanse también Salmos 103:1-4; Romanos 8:18-25; 2 Corintios 4:16-18.*

▪ **Cuando necesita paz**
"Al de firme propósito guardarás en perfecta paz, porque en Ti confía" *Isaías 26:3.*
*Véanse también Juan 14:27; Romanos 5:1-5; Filipenses 4:4-7.*

▪ **Cuando es tentado**
"Porque no tenemos un Sumo Sacerdote que no pueda compadecerse de nuestras flaquezas, sino Uno que ha sido tentado en todo como nosotros, pero sin pecado" *Hebreos 4:15.*
*Véanse también Lucas 4:1-13; Efesios 6:10-20; Santiago 1:2-6, 12-18; 4:7-8; 1 Pedro 5:8-9.*

▪ **Cuando está cansado o débil**
"Vengan a Mí, todos los que están cansados y cargados, y Yo los haré descansar. Tomen Mi yugo sobre ustedes y aprendan de Mí, que Yo soy manso y humilde de corazón, y hallarán descanso para sus almas" *Mateo 11:28-29.*
*Véanse también Josué 1:5-9; Isaías 40:28-31; 2 Corintios 4:16-18; 12:9-10; Filipenses 4:12-13.*

▪ **Cuando necesita dirección**
"Reconócelo en todos tus caminos, y Él enderezará tus sendas" *Proverbios 3:6.*
*Véanse también Salmo 48:14; Juan 14:16; 16:13.*

### Modelos de oración en la Biblia

| | |
|---|---|
| **Agradecimiento** | *1 Samuel 2:1-10; Salmos 16; 65* |
| **Alabanza** | *Lucas 1:46-55* |
| **Compromiso renovado** | *Juan 2:2-9* |
| **Confesión** | *Salmos 32; 51; Esdras 9:5-15* |
| **Confianza** | *Salmo 23* |
| **Dedicación** | *2 Crónicas 6:14-42;* |
| **Dependencia** | *2 Crónicas 20:6-12* |
| **Desesperación** | *Salmo 73* |
| **En crisis nacionales** | *2 Reyes 19:14-19* |
| **Intercesión** | *Génesis 18:16-33; Éxodo 32:11-13* |
| **Padrenuestro** | *Mateo 6:9-13; Lucas 11:2-4* |
| **Petición** | *Hechos 4:24-30* |
| **Por bendición** | *Salmo 90* |
| **Por creyentes** | *Efesios 1:16-23; 3:15-21* |
| **Por liberación** | *Isaías 37:14-20* |
| **Por restauración** | *Daniel 9:4-19* |
| **Por sanidad** | *Isaías 38:3, 9-20* |
| **Por unidad** | *Juan 17* |
| **Queja** | *Números 14:13-19* |

## Algunos pasajes bíblicos muy conocidos

| | |
|---|---|
| **La historia de la creación** | *Génesis 1:1—2:7* |
| **La caída** | *Génesis 3:1-24* |
| **El diluvio** | *Génesis 6:1—9:17* |
| **El llamado de Abraham** | *Génesis 12:1-9* |
| **Los Diez Mandamientos** | *Éxodo 20:1-17* |
| **El salmo del pastor** | *Salmos 23* |
| **El nacimiento de Jesús** | *Mateo 1:18—2:23; Lucas 1:26—2:40* |
| **La regla de oro** | *Lucas 6:31* |
| **El Sermón del Monte** | *Mateo 5—7* |
| **Las Bienaventuranzas** | *Mateo 5:3-11* |
| **El Padrenuestro** | *Lucas 11:2-4* |
| **El hijo pródigo** | *Lucas 15:11-32* |
| **El buen samaritano** | *Lucas10:29-37* |
| **La Última Cena** | *Mateo 26:17-30; Marcos 14:12-26* |
| **La muerte de Cristo** | *Lucas 23:26-56; Juan 19:16-42* |
| **La resurrección de Cristo** | *Mateo 28; Lucas 24; Juan 20* |
| **La ascensión de Cristo** | *Hechos 1:1-12* |
| **La venida del Espíritu Santo** | *Hechos 2:1-21* |
| **La conversión de Pablo** | *Hechos 9:1-31* |
| **El capítulo del amor** | *1 Corintios 13* |
| **El capítulo de la fe** | *Hebreos 11* |

# Dónde encontrar ayuda en el libro de los Salmos

## Salmos para leer cuando se siente:

**Abrumado** *25, 69, 142*
**Afligido** *13, 25, 31, 40, 107*
**Agotado** *6, 63*
**Agradecido** *30, 33, 66, 96, 103, 104, 113, 118, 136, 138*
**Amenazado** *143, 144*
**Apenado/Arrepentido** *51, 66*
**Atrapado** *7, 17, 42, 88, 142*
**Celoso** *37, 73*
**Con ánimo de adorar** *19, 29, 48, 150*
**Con ánimo de renunciar** *29, 43, 145*
**Confundido** *10, 12, 73*
**Culpable** *19, 32, 38, 51*
**Débil** *13, 18, 23, 28, 29, 62, 70, 86, 102*
**Deprimido** *27, 34, 42, 43, 88, 143*
**Desilusionado** *16, 92, 102, 130*
**Engañado** *41*
**Enojado** *17, 28, 36, 37, 109*
**Estresado** *12, 31, 34, 43, 56, 62, 84*
**Gozoso** *96, 149*
**Impaciente** *4, 13, 27, 37, 40, 89, 123*
**Inseguro** *3, 5, 12, 91*
**Insignificante** *8, 23, 86, 90, 139*
**Ofendido** *41, 70*
**Orgulloso** *14, 30, 49*
**Perdido** *23, 139*
**Preocupado** *37*
**Seguro de sí mismo** *24*
**Sin propósito** *25, 39, 90*
**Solo** *9, 12, 13, 27, 40, 43*
**Temeroso** *3, 13, 27, 46, 56, 59, 64, 91, 118, 121*
**Vengativo** *3, 109*

## Salmos para leer cuando enfrenta:

**Castigo** *6, 38, 39*
**Competencia** *113*
**Crítica** *35, 56, 120*
**Crueldad verbal** *35, 120*
**Decisiones** *1, 25, 62, 119*
**Desánimo** *12, 42, 55, 86, 107, 142*
**Discriminación** *94*
**Dudas** *34, 37*
**Enemigos** *3, 25, 35, 41, 56, 59*
**Enfermedad** *6, 22, 23, 41, 116, 139*
**Éxito** *18, 112, 126, 128*
**Gente malvada** *10, 36, 49, 52, 109*
**Hipocresía** *26, 50*
**Injusticia** *7, 9, 10, 17, 56, 94*
**Insultos** *35, 43*
**Matanza** *46, 83*
**Mentiras** *5, 12, 120*
**Muerte** *23*
**Peligro** *11*
**Persecución** *1, 3, 7*
**Pobreza** *12, 34, 146*
**Problemas** *34, 55, 86, 102, 142, 145*
**Tentación** *38, 141*
**Tristeza/lamento** *6, 23, 31, 71, 77, 94, 123*
**Vejez** *71, 92*

## Salmos para leer cuando quiere:

**Aceptación** *139*
**Amistad** *16*
**Comunión con Dios** *5, 16, 25, 37*
**Confianza** *46, 71*
**Conocimiento de Dios** *18, 19, 29, 65, 89, 97, 103, 145, 147*
**Coraje** *11, 27*
**Descanso** *23, 27*
**Dinero** *15, 16, 49*
**Guía/dirección** *1, 19, 32, 37, 89, 146*
**Esperanza** *16, 17, 18, 23, 27*
**Humildad** *19, 131, 147*
**Iluminación** *19*
**Integridad** *24, 25*
**Gozo** *9, 16, 33, 47, 84, 96, 97, 98, 100*
**Justicia** *2, 7, 14, 26, 37, 82*
**Liderazgo** *72*
**Milagros** *60, 111*
**Oración** *5, 17, 27, 61*
**Paz** *3, 4, 85*
**Perdón** *32, 38, 40, 51, 86, 103*
**Perspectiva** *2, 11, 73*
**Piedad** *15, 25*
**Protección** *7, 16, 18, 23, 27, 31, 91, 125*
**Provisión** *34, 81*
**Respuestas** *4, 17, 119*
**Sabiduría** *1, 16, 19, 64, 111*
**Salud** *6, 41, 103*
**Salvación** *103, 146*
**Seguridad** *34, 84, 91*
**Tranquilidad** *15, 23, 26, 112, 121*
**Venganza** *9, 35, 109*

# Abreviaturas de los libros de la Biblia

**Antiguo Testamento:** Génesis—Gn., Éxodo—Éx., Levítico—Lv., Números—Nm., Deuteronomio—Dt., Josué—Jos., Jueces—Jue., Rut—Rt., 1 Samuel—1 S., 2 Samuel—2 S., 1 Reyes—1 R., 2 Reyes—2 R., 1 Crónicas—1 Cr., 2 Crónicas—2 Cr., Esdras—Esd., Nehemías—Neh., Ester—Est., Job—Job, Salmos—Sal., Proverbios—Pr., Eclesiastés—Ec., Cantar de los Cantares—Cnt., Isaías—Is., Jeremías—Jer., Lamentaciones—Lm., Ezequiel—Ez., Daniel—Dn., Oseas—Os., Joel—Jl., Amós—Am., Abdías—Abd., Jonás—Jon., Miqueas—Mi., Nahúm—Nah., Habacuc—Hab., Sofonías—Sof., Hageo—Hag., Zacarías—Zac., Malaquías—Mal.

**Nuevo Testamento:** Mateo—Mt., Marcos—Mr., Lucas—Lc., Juan—Jn., Hechos—Hch., Romanos—Ro., 1 Corintios—1 Co., 2 Corintios—2 Co., Gálatas—Gá., Efesios—Ef., Filipenses—Fil., Colosenses—Col., 1 Tesalonicenses—1 Ts., 2 Tesalonicenses—2 Ts., 1 Timoteo—1 Ti., 2 Timoteo—2 Ti., Tito—Tit., Filemón—Flm., Hebreos—He., Santiago—Stg., 1 Pedro—1 P., 2 Pedro—2 P., 1 Juan—1 Jn., 2 Juan—2 Jn., 3 Juan—3 Jn., Judas—Jud., Apocalipsis—Ap.

La misión de *Editorial Portavoz* consiste en proporcionar productos de calidad —con integridad y excelencia—, desde una perspectiva bíblica y confiable, que animen a las personas a conocer y servir a Jesucristo.

*Guía bíblica ilustrada,* © 2016 por Editorial Portavoz, filial de Kregel, Inc., Grand Rapids, Michigan 49505. Todos los derechos reservados. Publicado también con el título *Travesía por las tierras y los tiempos de la Biblia.* Incluye material extraído de las siguientes obras y utilizado con permiso:

*Pictorial Guides: Bible Facts & Figures, Life of Jesus, Introduction to the Old Testament* e *Introduction to the New Testament* © 2000 Lion Hudson/ Tim Dowley Associates Ltd. Texto © Tim Dowley Associates Ltd/Kregel Publications.

*The Kregel Pictorial Guide to the Old Testament* de Michael A. Grisanti, diseño © 2001 Angus Hudson Ltd/Tim Dowley y Peter Wyart en representación de Three's Company, texto ©2009 Kregel Publications.

*The Kregel Pictorial Guide to the New Testament* de Robert W. Yarbrough, © 2007 Angus Hudson Ltd/Tim Dowley y Peter Wyart en representación de Three's Company.

*The Kregel Pictorial Guide to the Life of Jesus* de Rob J. Bewley copyright © 2005 Lion Hudson plc/Tim Dowley y Peter Wyart en representación de Three's Company.

*Guía Portavoz del mundo de la Biblia* ©2002 Angus Hudson LTD/Tim Dowley & Peter Wyart en representación de Three's Company. Publicado originalmente en inglés con el título *Student Guide to the World of the Bible* © 1999 por Angus Hudson LTD/Tim Dowley & Peter Wyart en representación de Three's Company.

*Guía Portavoz de la historia de la Biblia* ©2004 Angus Hudson LTD/Tim Dowley & Peter Wyart en representación de Three's Company. Publicado originalmente en inglés con el título *The Kregel Pictorial Guide to the Story of the Bible* © 2001 por Angus Hudson LTD/Tim Dowley & Peter Wyart en representación de Three's Company.

*Atlas bíblico Portavoz* de Tim Dowley, ©1991 por Editorial Portavoz. Publicado originalmente en inglés con el título *The Student Bible Atlas* © 1989 por Three's Company.

*Cronología bíblica Portavoz* de David Payne, © 1994 por Editorial Portavoz. Publicado originalmente en inglés con el título *The Student Bible Timeline* © 1993 por Angus Hudson Ltd. y Three's Company.



EDITORIAL PORTAVOZ
2450 Oak Industrial Drive NE
Grand Rapids, MI 49505 USA
Visítenos en: www.portavoz.com

ISBN 978-0-8254-5685-5

1 2 3 4 5 edición / año 20 19 18 17 16

*Impreso en Colombia*
*Printed in Colombia*